Être soi-même

un jour à la fois

MODUS VIVENDI

Être soi-même
un jour à la fois

M. Alain

MODUS VIVENDI

LES PUBLICATIONS MODUS VIVENDI INC.
55, rue Jean-Talon Ouest, 2e étage
Montréal (Québec)
Canada H2R 2W8

Design de la couverture : Émilie Houle
Infographie : Modus Vivendi

Dépôt légal – Bibliothèque et Archives nationales du Québec, 2007
Dépôt légal – Bibliothèque et Archives Canada, 2007

ISBN 13 : 978-2-89523-457-9

Nous reconnaissons l'aide financière du gouvernement du Canada par l'entremise du Programme d'aide au développement de l'industrie de l'édition (PADIÉ) pour nos activités d'édition.

Gouvernement du Québec - Programme de crédit d'impôt pour l'édition de livres - Gestion SODEC

Introduction

Il n'existe pas de mission plus enrichissante que de se retrouver et de se manifester pleinement. Dans la mission d'être soi-même, il y a la découverte de soi, de ses rêves les plus chers, de ses valeurs fondamentales et de sa spontanéité. Dans le projet de se manifester pleinement, il y a l'acceptation de soi, de ses forces, de ses faiblesses, de ses limites, de ses potentialités et de ses intérêts.

On peut se comparer aux enfants. Les enfants sont spontanés. Ils aiment complètement et s'expriment sans réserve. Ils savourent chaque moment et trouvent toutes les occasions pour jouer et pour s'amuser. En renouant avec soi, on met de côté l'artifice et la prétention. La vie devient un jeu, une aventure.

En étant soi-même, on peut nouer des relations authentiques et durables. Les gens qui nous acceptent et nous aiment tels que nous sommes sont de vrais alliés. On peut connaître de vraies amours, de vrais échanges et de vraies relations en étant soi-même.

Alors, la mission d'*Être soi-même - un jour à la fois* - vous donne l'occasion de renouer avec l'authentique, le permanent et l'immuable moi.

1er JANVIER

TRAVERSER LA FRONTIÈRE

«Lorsque j'ai eu cinquante ans, j'ai été saisi d'une sorte de panique, une forme d'anxiété qui se résumait à sentir que ma vie tirait à sa fin. Je voyais s'approcher à grand galop l'antichambre de la mort, la soixantaine. Et surtout, je me demandais comment les années avaient disparu si rapidement. Cependant, au bout de quelques mois, j'ai commencé à reconnaître qu'il y avait de la vie après la cinquantaine. Je pouvais dresser mon bilan et donner l'orientation souhaitée à ma vie. Pour la première fois, je pouvais commencer à penser à moi-même, à mes désirs et à mes rêves. Aujourd'hui, à 54 ans, je sais combien j'apprécie les belles choses de la vie. Je me suis donné la permission de vivre et de m'exprimer sans réserve. Je crois que je mérite de vivre pleinement et paisiblement chaque jour. »

— JACQUES R.

On doit pouvoir prendre le temps de vivre, de respirer profondément et de sentir le soleil sur son visage. La vie passe rapidement. On doit pouvoir en profiter maintenant.

Aujourd'hui, je prends le temps de vivre et de respirer. Je mérite de me gâter et de me faire plaisir. J'ai travaillé fort et je continue d'apporter ma contribution. Mais je peux aussi profiter des fruits de mes efforts.

ÊTRE SOI-MÊME

«Je peux être moi-même à tout moment et en toutes circonstances. Les gens qui m'entourent et qui m'estiment sont généralement ravis de constater qui je suis. Être soi-même ne demande pas d'effort particulier. Être soi-même, c'est être spontané, c'est s'exprimer pleinement, sans retenue. En étant moi-même, je peux faire l'expérience directe des choses et des personnes. Je peux être présent.»

— ANONYME

Il arrive un moment dans la vie où l'on ne peut plus s'empêcher d'être soi-même. Finis les artifices, les façades et les apparences! On doit pouvoir s'exprimer librement et paraître au grand jour. Certains seront surpris ou même choqués, mais l'être authentique doit monter à la surface.

Aujourd'hui, je me permets d'être moi-même à tout moment et dans toutes les circonstances. Je n'ai plus de temps à gaspiller en usant d'artifices et en érigeant des façades. J'espère que ceux qui m'entourent peuvent vivre en harmonie avec moi, mais je ne compromettrai pas mon intégrité pour plaire à qui que ce soit!

3 JANVIER

LA SOLITUDE

«Je crois que la solitude est ma pire ennemie. J'ai quarante ans et je suis célibataire. Il m'arrive de passer des week-ends entiers seul à la maison, à lire et à bricoler dans l'atelier. Je me suis résigné à vivre seul, à être seul. Mais je sais que ma vie aurait pu évoluer différemment. J'ai choisi la solitude mais j'aurais pu emprunter une autre voie.»

— MARC-ANDRÉ

Aujourd'hui, je constate que la vie est ponctuée d'occasions de faire de nouvelles rencontres. Je n'ai pas besoin d'être seul à m'ennuyer. Je peux ouvrir ma vie aux autres.

Apprécier les bons moments

«Lorsqu'on vieillit, les années semblent devenir plus courtes, mais les bons moments peuvent durer longtemps.»

— James Gould Cozzens

Lorsqu'on atteint l'âge de quarante ou cinquante ans, on commence à se demander où est passé le temps. On a l'impression que les années nous ont filé sous le nez sans qu'on s'en aperçoive. Notre vue d'ensemble sur la vie a changé. Pour la première fois, on se rend compte qu'il y a plus d'années derrière nous que devant nous. Et le temps file toujours de vive allure malgré cette prise de conscience.

Je ne connais qu'un antidote à ce phénomène des années qui semblent raccourcir: vivre chaque moment avec autant d'intensité et de présence que possible. Au lieu de chercher à s'évader, il faut chercher à être pleinement présent et à savourer chaque instant.

Aujourd'hui, je m'accorde la permission de vivre chaque instant avec ferveur et passion.

JEUNE DE CŒUR

«J'essaie très fort de ne pas vieillir. En soi, c'est un travail difficile. Je ne parle pas de vieillir en âge, car il s'agit là d'un fait honorable; je veux dire vieillir en attitude.»

— ROBERT R. MCCAMMON

Le vieillissement du corps physique et l'accumulation d'expériences douloureuses peuvent entraîner un ralentissement et une perte de vigueur. On se croit plus vieux, moins apte à faire face aux situations difficiles. On veut tout simplement vivre tranquillement sans perturbations et sans conflits. Mais cette attitude conservatrice nous empêche de grandir et de voir la vie avec ferveur et appétit. On doit chercher à rester jeune de cœur malgré tout.

Aujourd'hui, je sais que je n'ai plus vingt ans mais je sais que je suis toujours vivant. Je peux savourer la vie et entreprendre de nouveaux projets. J'utiliserai mes expériences passées et la sagesse des années pour faire des choix judicieux et pour jouer gagnant.

6 JANVIER

L'OPINION D'AUTRUI

«Je me suis longtemps soucié de ce que les autres pensaient de moi. Je voulais être aimé et accepté. Je voulais faire partie du groupe et savoir que j'étais apprécié. Mais à présent, je sais que je dois vivre comme je l'entends et que je ne peux pas décider de ce que les autres pensent. Heureusement, des gens m'aiment et me respectent tel que je suis. Je n'ai pas à me soucier de ce qu'ils pensent car ils m'acceptent sans me remettre en question.»

— STÉPANIE P.

Aujourd'hui, je me soucie moins de ce que les autres pensent de moi. Je sais que je dois vivre ma vie et tracer mon propre chemin. Je sais que je suis quelqu'un de bien et que les gens qui m'aiment et me respectent seront toujours auprès de moi.

LA BONTÉ EXTRAORDINAIRE

«Si nous n'aimons pas le monde dans lequel nous vivons, nous pouvons toujours créer le monde que nous désirons par nos actes de bonne volonté.»
— MELADEE ET HANOCH MCCARTY

Nous avons tous nos obligations. Déjà, en nous acquittant de façon responsable de nos responsabilités, nous contribuons à l'ordre des choses. Nul ne peut nous critiquer ou nous en vouloir d'être un père de famille responsable, une bonne mère, un travailleur compétent, un collègue fiable ou une enseignante dévouée.

Mais, lorsque nous nous éloignons des obligations quotidiennes et que nous sortons de ce cadre pour accomplir des gestes de bonté spontanés et gratuits, notre vie devient en quelque sorte une contribution extraordinaire.

Aujourd'hui, je sais que je peux faire une différence en ce monde. Je peux exercer une influence positive et durable sur ma famille, mes amis et mes collègues. Je peux même aller au-delà des attentes et contribuer au bonheur d'un parfait étranger. De cette façon, je rends le monde dans lequel nous vivons plus doux et plus généreux.

8 JANVIER

LA FONTAINE DE JOUVENCE

«Ah! Qui n'aimerait pas boire à la fontaine de Jouvence et demeurer éternellement jeune? Peut-être alors pourrai-je réaliser mon idéal, trouver l'âme sœur, visiter tous les lieux de la Terre et conquérir le monde? Mais combien de temps cela prendra-t-il avant que je ne me lasse de cette existence? Après une vie? Deux vies? Trois vies? Après tout ce temps passé seul avec moi-même, n'aurai-je pas envie de tout laisser tomber et d'aller vers le Paradis pour enfin trouver le repos? À bien y penser, je crois que je ne boirai pas à cette fontaine car j'aime cette danse, de la naissance à la mort, qui me donne tout le temps dont j'ai besoin pour découvrir qui je suis et où je vais.»

— COLLECTIF
Le Bonheur - Un jour à la fois

Aujourd'hui, j'accepte que je serai ici, dans ce corps, pour un certain temps et qu'ensuite je devrai repartir vers un autre ailleurs. Je ne serai pas si triste de partir car je saurai que j'ai aimé et que j'ai appris des leçons importantes. Je me console du fait de n'être pas seulement un corps mais bien davantage et que l'aventure se poursuivra ailleurs, sous une autre forme.

9 JANVIER

MA RELATION AVEC L'ÊTRE SUPRÊME

«Je ne me suis jamais considéré comme un croyant. Toutes ces idées que l'on a tenté de m'inculquer concernant Dieu, Jésus et l'Esprit-Saint durant mon enfance, je les ai écartées assez rapidement. Mais s'il est une chose dont je suis certain, c'est bien que je suis en relation avec l'Être suprême. Je considère cette relation un peu comme un lien entre deux êtres lumineux. Je sens que l'Être suprême est mon vrai père. Il existe entre nous une grande affinité. J'ai également le sentiment que lorsque j'ai décidé de quitter mon père pour découvrir autre chose, je me suis éloigné. Aujourd'hui, je cherche à renforcer mes liens avec l'Être suprême car j'ai envie de le connaître et de ressentir son amour pour moi.»

— JEAN C.

Aujourd'hui, j'ouvre mon cœur et ma vie à l'Être suprême. Cette relation n'est pas toujours tangible, mais je sais qu'elle existe et qu'elle est fondamentale. En ouvrant mon cœur à l'Être suprême, je sens que la vie prend un sens plus profond et plus durable.

LES ENFANTS ONT GRANDI

«C'est en regardant grandir les enfants que j'ai constaté que je prenais de l'âge. Il me semble qu'en quelques clins d'oeil, ils ont grandi et ont commencé à faire leur chemin. Aujourd'hui, ils sont tous adultes et ont leurs propres responsabilités, leurs préoccupations. Je les aime de tout mon cœur, mais je sais qu'ils ne sont plus à moi. Je suis très heureuse d'avoir connu ce que c'est que d'élever des enfants mais je ne recommencerais plus. Je vois quelle énergie, quelle dévotion cela demande et je me dis que je vivrai autre chose la prochaine fois.»

— AGNÈS T.

Aujourd'hui, j'accepte qu'il y ait un début, un milieu et une fin.

SURVEILLER SON POIDS

«Avant d'avoir atteint 35 ans, mon poids était toujours équilibré. J'avais à 35 ans, le même poids qu'à 20 ans. Je ne me souciais pas de ma diète et je pratiquais des sports pour me détendre. Et voilà qu'à partir de 35 ans, mon poids a commencé à augmenter. Après quelques années, je pesais 10 kilos de plus et je me sentais moins bien dans ma peau. Je ne voulais pas changer mes habitudes alimentaires car j'aimais bien manger et j'étais souvent trop occupé pour entreprendre un programme d'exercices. Avec le temps, j'ai dû changer mes habitudes alimentaires et augmenter mon activité physique car je ne contrôlais plus mon poids et je craignais les problèmes de santé susceptibles de s'ensuivre.»

— JEAN-PAUL P.

Aujourd'hui, je sais que je dois me préoccuper de mon bien-être physique. Je surveille mon poids en faisant de l'exercice régulièrement et je m'alimente de façon raisonnable. Ainsi, je conserve mon énergie et ma santé.

VOULOIR RESTER JEUNE

Au moment où les membres de la génération des baby-boomers approchaient la quarantaine, les spécialistes du marketing ont véhiculé l'idée selon laquelle le vieillissement allait prendre un tout nouveau sens en devenant plus à la mode. Mais cette réalité ne s'est jamais manifestée. On s'est rendu compte que les baby-boomers voulaient avant tout rester jeunes. On a constaté le développement accéléré de l'industrie de la beauté et de la jeunesse. Les baby-boomers ne veulent pas se retirer de la vie. Ils ne veulent pas vieillir et passer le flambeau passivement. À leur façon, ils nous font comprendre que chacun a le droit de vivre intensément et de façon productive jusqu'à la dernière minute.

Aujourd'hui, je refuse de me laisser aller. Je vois que je peux rester jeune de cœur tout au long de ma vie. Je peux mener une vie productive et stimulante jusqu'au dernier soupir.

RELEVER LE DÉFI

«Lorsque j'ai appris que j'avais un cancer du sein, j'ai été complètement sidérée. J'étais persuadée que ma vie était finie. Et que, même si je réussissais à m'en sortir et à vaincre cette maladie, ma vie serait dorénavant un désert émotionnel. Après quelque temps, j'ai retrouvé mon courage et j'ai décidé que la vie valait d'être vécue. Avec l'appui de mes proches, j'ai relevé ce défi. Aujourd'hui, le cancer est en rémission et je suis heureuse d'avoir surmonté cette épreuve. Je sens que je suis plus forte et plus sereine qu'auparavant et chaque jour est précieux. Je suis heureuse de savoir que je n'ai jamais perdu mon courage et mon sens de l'humour.»

— ÉVELYNE S.

On peut voir qu'il est nécessaire de demeurer flexible et ouvert en vieillissant. La vie ne devient pas plus douce ou plus facile avec les années. On peut relever d'importants défis quel que soit son âge. Il n'est pas nécessaire de devenir rigide avec les années. On peut utiliser notre expérience, nos connaissances et notre sagesse pour grandir et pour continuer à découvrir.

Aujourd'hui, je sais que je peux faire face aux défis de la vie. Je suis plus grand que les problèmes et les obstacles que la vie dresse sur mon parcours.

JE SUIS MAINTENANT LIBRE

«Longtemps je me suis senti enfermé en moi. Je crois que j'avais décidé de ne plus encourir de risques, de ne plus communiquer. Je gardais autour de moi certaines choses et certaines personnes pour me donner l'impression que je n'étais pas seul et que j'étais encore en vie. Mais, avec le temps, ma vie est devenue très monotone. J'ai alors décidé de m'ouvrir de nouveau à la vie et aux autres.
Lorsque j'ai pris cette décision, j'ai été saisi de crainte et d'appréhension mais aussi d'une grande énergie, l'énergie du renouveau, de la liberté et de l'aventure. À présent, je sais que je ne pourrais pas vivre seul, sans la variété et la joie que m'apporte la liberté. Aujourd'hui, je suis libre!»

— LOUIS T.

Aujourd'hui, je sais que je suis libre. Je suis ouvert aux expériences de la vie et chaque jour j'encours des risques afin de rester vivant.

15 JANVIER

JE ME RENOUVELLE À CHAQUE INSTANT

«On doit consacrer beaucoup de temps et d'énergie pour ne pas changer car le monde autour de nous est en constante mutation. On peut utiliser notre énergie pour résister aux changements ou suivre le courant et employer nos efforts afin de bien s'adapter.»

— HEATHER JOHNSON

Aujourd'hui, je sais que chaque instant est nouveau, que chaque instant porte en lui la possibilité de changement et de renouvellement. Je peux donc enlever mon vieux manteau, celui que j'ai appris à enfiler pour me protéger du froid et de l'abandon. On dit que chaque cellule de notre corps se régénère. Alors moi aussi je peux me renouveler.

16 JANVIER

L'ESPRIT DU JEU

«Avec le temps, j'ai dû écarter un certain nombre d'idées préconçues. L'une d'elles consistait à croire que j'allais travailler jusqu'à l'âge de 55 ans et qu'ensuite, grâce à mes économies, je pourrais me la couler douce. Mais je regarde autour de moi et je vois que les gens qui n'ont pas de projet ou de passion ne mènent guère une vie exaltante dès lors qu'ils sont à la retraite. Ils s'ennuient souvent et ne savent pas trop quoi faire de leur peau. Pour ma part, j'ai décidé de demeurer actif et impliqué jusqu'au dernier jour. Je veux faire partie de la vie et rester jeune de cœur. Alors, j'ai mis de côté cette notion d'une retraite anticipée et je m'affaire à développer des projets à long terme.»

— CLAUDE C., 70 ANS

Aujourd'hui, je développe des projets à long terme. Je suis ici pour créer un avenir et pour donner un sens à ma vie. En participant activement à la vie de tous les jours, je demeure éveillé et présent.

17 JANVIER

ÊTRE BIEN DANS SA PEAU

«Avant la quarantaine, je me souciais peu des questions de santé. Mais lorsque j'ai eu 40 ans, j'ai commencé à me sentir plus vulnérable physiquement. Je devenais fatigué plus rapidement et je mettais plus de temps à me relever des coups durs. C'est alors que j'ai décidé de m'occuper plus sérieusement de ma santé. J'ai cessé de fumer. J'ai commencé à m'alimenter plus sainement et à faire de l'exercice plus souvent. Je me suis rendue compte qu'il valait mieux prévenir que guérir.»

— RACHEL P.

Aujourd'hui, je m'engage à préserver et à renforcer ma santé. En faisant certaines choses, j'améliore ma santé et je me sens mieux dans ma peau.

HOMMAGE À NOS GRANDS-MÈRES

Notre société a véhiculé une image un peu fausse de la bonne grand-mère. La bonne grand-mère est toujours souriante et nous prépare des petits plats cuisinés avec tendresse. Les grands-mères vivent pour faire plaisir à leurs enfants et à leurs petits-enfants. Elles travaillent de longues heures pour les autres sans jamais se plaindre.

Nous savons que cette image idéalisée de la bonne grand-mère est désuète. Chaque personne est différente. On rencontre autant de sortes de grand-mère qu'il y a de grands-mères. En fait, personne n'est vraiment une grand-mère.

Aujourd'hui, je sais que j'ai le droit de vivre ma vie de la façon dont je l'entends. Personne n'a le droit de m'imposer une réalité qui n'est pas la mienne afin de créer sa propre scène idéale. Je demeurerai moi-même jusqu'au dernier moment.

19 JANVIER

VOIR LE BON CÔTÉ DES CHOSES

«Quoi qu'il advienne, une alternative s'offre toujours à nous: soit voir le bon côté des choses, soit en voir le mauvais. Plus on voit le bon côté, plus on est heureux parce que la résistance magnifie la souffrance et considérer le mauvais côté d'une situation équivaut à une résistance.»

— SUE PATTON THOELE

Notre expérience est largement déterminée pas nos perceptions. Lorsque je focalise mon attention sur le mauvais côté des choses, ces perceptions affectent directement mon expérience. Je ne pourrai pas être heureux si je centre constamment mon attention sur les aspects négatifs de la vie, de mon travail et de mes relations. Je dois vérifier mes perceptions avant de passer un jugement. Je dois chercher à considérer les situations sous différents angles. De cette façon, je pourrai me faire des perceptions plus justes de chaque situation.

Aujourd'hui, j'ai le pouvoir de voir le bon côté des choses. Je sais que je peux focaliser sur les aspects positifs de chaque événement. Je peux faire taire tous ces bruits qui m'incitent à l'anxiété et à la crainte, et voir d'un bon oeil les êtres et les situations.

On ne cesse jamais d'apprendre

La beauté de la vie réside dans le fait qu'on ne cesse jamais d'apprendre. La vie nous réserve toujours de nouvelles leçons. Lorsqu'on est disposé à apprendre de nouvelles choses, la vie est riche et se transforme en aventure. Lorsqu'on peut tirer profit de ses apprentissages, on peut voir les choses sous une nouvelle lumière, améliorer nos capacités et nos habiletés, obtenir de meilleurs résultats professionnels et personnels.

L'adaptation, l'apprentissage et la réussite sont intimement liés. Lorsque je peux apprendre et adopter de nouvelles approches, je peux réussir. Lorsque je demeure fermé, la vie se ferme à moi et j'éprouve de plus en plus de difficultés.

Aujourd'hui, je suis disposé à apprendre. Je sais que ma réussite dépend de ma capacité d'apprendre et de m'adapter. Lorsque je m'ouvre aux nouvelles leçons de la vie, je suis vivant et ouvert.

21 JANVIER

LA LUMIÈRE

«On ne pourrait pas apprendre à devenir braves et patients s'il n'y avait que joie dans le monde!»
— HELEN KELLER

On est parfois si accablé par les problèmes de la vie qu'on ne voit pas la lumière au bout du tunnel. On a l'impression que la vie sera toujours aussi éprouvante et que nos problèmes ne trouveront jamais de solution. Mais il y a toujours une lumière au bout du tunnel, toujours une lueur d'espoir même dans les moments les plus difficiles. Heureusement, la vie se poursuit et les circonstances viennent à changer et à prendre une nouvelle tournure. En étant patient et courageux, on peut surmonter n'importe quelle épreuve.

Aujourd'hui, je garde espoir. Malgré les difficultés et les épreuves que je dois traverser, je conserve mon sang-froid car je sais qu'il y aura des jours meilleurs.

J'OBSERVE CE QUI EST ÉVIDENT

«Il n'y a de repos que pour celui qui cherche. Il n'y a de repos que pour celui qui trouve.»
— RAÔUL DUGUAY

Parfois je suis bouleversé parce que j'ai oublié de regarder tout simplement. Je me suis inventé des chimères en ne croyant que ce que j'avais entendu au lieu d'aller voir par moi-même ce qui était réellement. Combien de fois me suis-je rendu malheureux à écouter sans me donner la peine d'observer? Maintenant je conçois l'importance du regard et de voir ce qui est.

Aujourd'hui, je me donne la peine de regarder afin de voir ce qui est réellement. Comment puis-je évoluer, si je ne m'ouvre pas les yeux pour constater l'évidence?

23 JANVIER

LE COURAGE

«Le seul courage dont nous ayons besoin est celui qui nous fait passer d'une minute à l'autre.»

— MIGNON MCLAUGHLIN

On peut facilement se laisser emporter par une fuite vers l'avant. Tout d'un coup, on se voit dans cinq, dix ou vingt ans plutôt que de vivre l'instant présent. On s'inquiète des conséquences futures sans prendre le temps de bien cerner les enjeux actuels. L'inquiétude résulte souvent de cette fuite vers l'avant, d'un enchaînement mental de toutes les conséquences qui suivront telle ou telle action, telle ou telle décision. Cette inquiétude peut facilement inhiber nos actions et refroidir notre joie de vivre.

Aujourd'hui, j'ai confiance en moi et en ma faculté d'adaptation. Je peux vivre l'instant présent sans que l'inquiétude et la peur s'emparent de moi.

JE SUIS MAÎTRE DE MA DESTINÉE

«Ce que nous faisons aujourd'hui, en ce moment, aura un effet cumulatif sur tous nos demains.»
— ALEXANDRA STODDARD

Il n'y a absolument rien qui prédispose l'individu à vivre telle ou telle expérience. Il n'y a aucun doute que nous sommes entièrement libres de choisir notre propre destinée. Seules nos décisions, nos intentions, notre persévérance et notre ténacité sont déterminantes dans la réalisation de nos buts. Nous sommes seuls à pouvoir améliorer notre sort. Nous sommes seuls à pouvoir prédire notre avenir. Ce sont nos décisions qui déterminent le dénouement et l'ultime qualité de notre vie.

Aujourd'hui, je sais que je suis le maître ultime de ma destinée. Ce sont mes décisions et mes intentions que sont déterminantes. Je peux accepter les conseils d'autrui mais, en dernière analyse, c'est moi qui décide.

L'HISTOIRE DE LOUISE

«J'ai toujours aimé écrire. J'écris tout naturellement, comme un artiste peint un tableau ou un cordonnier répare un soulier. Le matin, je me lève et j'écris. J'ai écrit plusieurs livres pour enfants et une multitude de romans. Je me suis adressée à plusieurs éditeurs mais je n'ai jamais réussi à faire publier un seul bouquin. Voilà que j'ai 55 ans et qu'aucun de mes manuscrits n'a vu la lumière du jour. Malgré les rejets et l'indifférence que j'ai dû affronter dans ma carrière d'écrivain, je continue d'écrire et de puiser beaucoup de joie et de satisfaction personnelle de mon métier. Je me dis que tout cela trouvera un aboutissement un jour.»

— LOUISE H.

Aujourd'hui, j'accepte le défi de faire ce que j'aime. Je sais qu'en faisant ce que j'aime je suis fidèle à moi-même. Je veux réussir et rayonner mais je dois respecter mon être fondamental.

26 JANVIER

L'EAU SALÉE

«Le remède à tout maux est l'eau salée - la sueur, les larmes ou la mer.»

— ISAK DINESEN

On cherche parfois très loin afin de trouver une solution à nos problèmes. On peut même aller si loin que l'on complique d'avantage la situation et le problème devient alors quasi insoluble. Souvent, la solution se trouve devant nous: un peu plus de repos, un peu plus de travail, un peu plus de discipline personnelle. Souvent, de petits ajustements judicieusement choisis peuvent marquer une différence dans la qualité de notre vie et dans le processus de résolution des problèmes.

Aujourd'hui, plutôt que de me creuser les méninges et trouver les causes sous-jacentes de mes problèmes, je chercherai à apporter les petits ajustements nécessaires.

LE CHANGEMENT

«La psychologie moderne nous a fourni un gabarit de concepts inutiles. Ces concepts erronés émanent de l'idée que l'homme est un animal et que son cerveau, plus développé, génère une variété de phénomènes: la personnalité, les émotions, l'identité, les perceptions. Malheureusement, la psychologie moderne a eu une si grande influence sur la pensée du commun mortel que la société tout entière se trouve en confusion. L'homme n'est pas un animal. Il abrite un esprit.»

— ALBERT DELENCLOS

Certains affirment que nous sommes en mesure de changer, de nous transformer et de vivre différemment. D'autres prétendent qu'une fois formée, la personnalité ne peut pas changer vraiment. Il y a un élément de vérité dans chacun de ces points de vue. La personnalité, l'identité, les comportements, les valeurs, les attitudes et les choix sont essentiellement le résultat de notre apprentissage, de notre culture et de notre tempérament. Toutes ces choses peuvent changer. Mais l'être fondamental, l'être spirituel et véritable, ne change pas car il est, tout simplement. Le changement réside dans la découverte progressive ou précipitée de l'être véritable.

Aujourd'hui, j'accueille l'être véritable et je laisse aller tout ce qui n'est pas vraiment moi.

TROUVER L'ÉQUILIBRE ET L'HARMONIE

«La plupart de nos douleurs et de nos souffrances, qu'elles soient physiques ou émotionnelles, naissent d'un manque d'harmonie intérieure. Quand nous sommes malades, notre système immunitaire travaille activement à rétablir l'équilibre au sein de notre organisme. Au même titre, lorsque nous sommes contrariées, nos émotions recherchent le rétablissement de l'harmonie.»

— SUE PATTON THOELE

Nous cherchons tous l'équilibre et l'harmonie. Parfois la vie peut être une expérience houleuse, remplie de bouleversements, de contrecoups. Il est parfois facile de se relever d'un échec, parfois difficile. On peut cependant être assuré que l'être tend naturellement vers l'équilibre et l'harmonie. Tôt ou tard, l'équilibre se rétablira.

Aujourd'hui, je sais que je trouverai l'équilibre dans ma vie. Je serai peut-être bouleversé pendant quelque temps mais, éventuellement, je retrouverai l'harmonie.

LUMIÈRE D'AMOUR

«Afin qu'une lampe continue de brûler, il nous faut y ajouter de l'huile.»

— MÈRE TERESA

Lorsqu'on est parent, on peut facilement céder à la tentation de toujours donner. On pense à ses enfants, à son conjoint, à ses parents et ses beaux-parents, à son employeur et à ses collègues. Mais on ne doit pas oublier de recharger ses propres piles. On peut, pendant un certain temps, mettre de côté ses propres besoins. Mais tôt ou tard, on devra s'occuper de soi. Il est donc préférable d'instaurer un système grâce auquel on peut penser à soi et faire comprendre à ses proches que chacun a le droit de se faire plaisir.

Aujourd'hui, je sais que je n'abandonne pas mes responsabilités de parent ou de conjoint si je réponds à mes propres besoins. Par un ressourcement, je serai mieux en mesure d'accomplir mes fonctions et de contribuer à l'harmonie de ma famille.

LA GUÉRISON NATURELLE

«Nous avons longtemps cru que nous étions impuissants devant la maladie. Un individu malade ou blessé n'avait d'autre choix que de remettre son sort entre les mains des médecins. La recherche a démontré qu'un patient contrôle sa guérison beaucoup plus qu'on ne le croyait jusqu'à présent. Nos attitudes, nos convictions et nos émotions influent sur le processus de rétablissement. Il nous faut donc remettre en question cette vieille attitude qui consiste à abdiquer notre responsabilité concernant notre santé au profit de quelqu'un d'autre.»

— SUE PATTON THOELE

De plus en plus de gens se rendent compte qu'ils doivent être responsables de leur santé et que, s'ils tombent malades, ils devront participer activement à leur guérison. La science médicale moderne est loin de comprendre la nature fondamentale de l'être. Souvent nous sommes nous-mêmes la source de nos maladies; en conséquence, nous sommes aussi la source de notre guérison.

Aujourd'hui, je sais que je suis responsable de ma santé. Si je suis malade, je dois participer activement à ma guérison.

VIVANT EN TOUTE CHOSE

Une force vitale anime toutes les créatures vivant sur cette terre. Une énergie habite chaque chose, chaque molécule, chaque atome de ce monde. Rien dans cet univers n'est parfaitement statique. Tout est en mouvement, en progression ou en régression. Je pourrais tenter de fermer les yeux pour ne pas voir la vérité: tout est en perpétuel changement. Même les pierres se transforment en sable et le sable en poussière dans le vent. Les étoiles naissent et meurent. Je suis, moi aussi, traversé par cette énergie vitale qui m'anime et qui me fait grandir.

Aujourd'hui, je sais que je fais partie de l'univers. Je suis vivant et en constante mutation. À chaque jour, je bouge, je change, je grandis.

La douceur

«Je crois que l'homme fera plus que durer; il prévaudra. Il est immortel, non pas parce que de toutes les créatures il est le seul dont la voix est infatigable, mais parce qu'il a une âme, un esprit capable de bonté et de compassion.»

— William Faulkner

La douceur sera toujours plus perçante, plus pénétrante que la force brute. Comme l'eau démontre sa force dans le fait qu'elle ne résiste pas mais peut de par son action transformer la pierre en sable, les plus grandes victoires sont obtenues avec douceur. La douceur me permet d'apprivoiser et de faire fondre toute résistance. En étant doux, je laisse les choses et les êtres m'approcher et je les touche profondément.

Aujourd'hui, je rends hommage à la douceur. Je baisse les armes et j'adopte la douceur dans mes comportements quotidiens.

La discipline personnelle

La majorité des accomplissements d'une vie résulte de la discipline personnelle. Il faut beaucoup de discipline personnelle pour élever une famille, faire des économies, conserver un emploi et gravir les échelons d'une entreprise, pour garder sa forme et sa santé, pour établir une relation de couple durable. Toutes les choses qui valent la peine, tous les accomplissements majeurs de notre vie résultent de notre intention et de notre discipline personnelle.

Lorsque la discipline personnelle est absente d'une zone de notre vie, la confusion ainsi que les hauts et les bas s'ensuivent. Sans discipline personnelle, nous ne sommes pas en mesure de donner forme ou orientation à nos désirs. Sans discipline personnelle, nous sommes vulnérables et changeants.

Aujourd'hui, je m'impose une discipline personnelle dans les zones importantes de ma vie. En respectant mes engagements envers moi-même et en persévérant dans la direction que j'ai choisie, je sais que je serai plus heureux.

UNE TOUTE NOUVELLE JOURNÉE

Chaque jour nous apporte de nouvelles possibilités. On peut certes choisir de suivre notre routine habituelle et de respecter nos engagements. Cependant, on peut faire ou dire quelque chose de nouveau. On peut choisir de se faire un petit cadeau. On peut décider d'offrir des fleurs à notre bien-aimée ou à un ami. On peut complimenter quelqu'un afin d'égayer sa journée.

Aujourd'hui, je saisis l'occasion de faire ou de dire quelque chose de nouveau. Je vois cette nouvelle journée comme une fleur qui s'ouvre devant mes yeux.

CACHÉ DERRIÈRE L'ÉCHEC

«Lorsque ma relation avec Fabienne s'est terminée, je croyais que ma vie venait de prendre fin. J'avais investi tellement d'énergie et de moi-même dans cette relation! Mon estime personnelle en a pris un coup. Pendant plusieurs mois, j'ai perdu le goût de vivre et j'ai tourné en rond. Peu à peu, j'ai recommencé à bâtir ma vie et la douleur aiguë s'est estompée. Lorsque j'ai rencontré Laurence, je lui ai dit que je n'étais pas prêt à ouvrir mon cœur à un nouvel amour. Elle a été patiente. Avec Laurence, j'ai appris comment aimer et comment me laisser aimer. Laurence voulait réhabiliter mon désir de nouer une relation intime. Elle m'a aidé à accepter l'échec de ma relation précédente.»

— ROBERT W.

Derrière chaque «non» se cache un «oui». Derrière chaque «échec» se cache une «victoire». Nous pouvons apprendre beaucoup plus de nos échecs que de nos succès car, dissimulé derrière l'échec, se trouve tout ce que nous n'avons pas compris, ce que n'avons pas voulu accepter ou confronter, ce que nous ne voulons pas voir ou entendre. Lorsqu'on accueille l'échec et que l'on est disposé à entendre les secrets qu'il cherche à nous livrer, on s'ouvre à la croissance et à l'apprentissage.

Aujourd'hui, je sais que l'échec mène éventuellement à une plus grande victoire.

5 FÉVRIER

LA VRAIE VIE

Lorsqu'on regarde le monde dans lequel on vit, on constate que très peu de gens ont réussi à s'élever au-delà de la lutte quotidienne pour la survie. La majorité des gens qui habitent cette planète vivent dans la pauvreté ou sous des régimes politiques violents et autocratiques. Les conditions économiques et politiques sur cette planète sont très rudes et laissent peu d'espoir à l'humanité. Malgré cela, certains réussissent à s'élever au-delà de la simple quête pour la survie. Ils réussissent à voir la nature réelle des choses et des êtres. Ils réussissent à bâtir quelque chose qui contribue au bien-être collectif. Le destin de cette planète est entre leurs mains.

Aujourd'hui, je remercie le Ciel d'avoir le privilège de vivre dans une société démocratique qui me permet d'agir et de penser librement. Je sais que ce privilège engendre une responsabilité: répandre le Bien.

6 FÉVRIER

LA LUMIÈRE DU DISCERNEMENT

Le discernement, cette capacité de juger sainement et clairement les choses, est notre outil de développement personnel et de croissance spirituelle. Comment pouvons-nous faire la différence entre le Bien et le Mal sans discernement? Comment pouvons-nous déceler la vérité dans les événements sans la lumière perçante du discernement? Comment pouvons-nous nous entourer de gens sains et dévoués sans discernement? Heureusement, le discernement s'acquiert. Lorsqu'on s'écoute et qu'on est réceptif aux messages qui proviennent de notre for intérieur, on peut choisir et agir avec discernement. Parfois, on doit faire une pause, une prière ou méditer avant de pouvoir éveiller ce discernement. Mais cela vaut l'effort car, muni de cet outil, on pourra faire des choix justes et éclairés.

Aujourd'hui, j'ai en moi un savoir profond. C'est de ce savoir profond que vient mon discernement. Aujourd'hui, je serai à l'écoute de ma sagesse profonde et je choisirai avec discernement.

7 FÉVRIER

RESTER LUCIDE

«Lorsque je me suis rendu compte que je devais prendre un verre en arrivant à la maison et que ce verre était multiplié par deux ou trois, j'ai reconnu que j'avais un problème. Je ne pouvais plus passer une journée sans boire, sans tenter d'atrophier la douleur et le stress grâce à l'alcool. J'en suis venu à constater que l'alcool influait sur mon humeur, mon rendement au travail et mes relations en général.»

— PHILLIPE P.

Sans que l'on s'en aperçoive, certaines activités et certaines relations mettent en veilleuse notre lucidité. Lorsqu'on est lucide, on peut voir les choses clairement et prendre des décisions éclairées. Sans lucidité, on risque de prendre de mauvaises décisions qui peuvent entraîner des échecs ou des accidents. On sait que la consommation excessive de drogues et d'alcool, le jeu et une sexualité compulsive viennent réduire, voire même détruire, la lucidité. Les compulsions nous entraînent dans un monde dangereux d'excès, de fausses perceptions et de défaillance. Afin d'éviter les conséquences désastreuses de ces formes d'excès, il faut user de bon sens et surtout de discipline personnelle.

Aujourd'hui, je vois combien il importe de conserver ma lucidité. En surveillant le piège de la compulsion, je me protège et m'assure une meilleure qualité de vie.

La vie après la vie

«Lorsque Jeanne a quitté notre monde, j'ai mis beaucoup de temps à m'en remettre. Je n'acceptais pas qu'elle soit partie avant moi. Je voulais mourir dans l'espoir de pouvoir la rejoindre quelque part dans l'au-delà. Je m'ennuyais comme un fou. La vie n'avait plus de saveur, ni de couleur. C'est là que je me suis aperçu à quel point cette femme faisait partie de moi. Je me sentais vide en dedans et je la voyais partout. Environ un mois après sa mort, j'ai rêvé à elle. Elle me disait qu'elle était bien et qu'elle demeurerait près de moi. Je me suis réveillé et je sentais sa présence dans la chambre. Je lui ai dit à quel point je l'aimais et combien elle me manquait.»

— Marc-André H.

Au fond de nous, nous savons que la vie matérielle n'est pas une fin en soi. Nous sommes des esprits qui empruntons, pour quelque temps, un corps physique. Nous connaissons cette expérience terrestre et nous tissons des liens. Ces liens persistent au-delà de la vie matérielle. Lorsque nous nous donnons vraiment à notre relation de couple, nous rejoignons l'être authentique et nous traversons des océans de temps et de lumière.

Aujourd'hui, je réalise à quel point je suis partie intégrante de mon couple.

LE CHEMIN DE L'AMOUR

«La route de l'amour est pavée de trous. Ce n'est pas une autoroute à quatre voies où le paysage défile à toute vitesse. C'est plutôt une petite route secondaire qui longe tranquillement de magnifiques paysages; vous vous arrêtez de temps à autre pour faire un pique-nique, vous atteignez souvent votre destination en retard, et parfois, vous vous demandez si cela valait vraiment la peine de se rendre jusque là.»

— DAPHNE ROSE KINGMA

On a parfois l'impression que certains ont la chance de connaître une relation de couple sans tracas alors que d'autres doivent vivre dans la souffrance et la peur. Pourtant, toute relation de couple exige un travail important d'amour. Parfois, ce travail est ardu et d'autres fois il est graduel. Évidemment, certains couples connaissent des difficultés profondes: absence de communication, violence conjugale, dépendance et toxicomanie. Le travail d'amour dans ces situations est beaucoup plus ardu et exigeant que lorsque la vie du couple est plus équilibrée. Mais tout est possible dans le contexte du couple car il forme une zone d'amour, d'accueil et de guérison. Ensemble nous pouvons vaincre tous les obstacles! Ensemble nous pouvons transformer la vie!

Aujourd'hui, je sais que ma relation de couple exige un travail d'amour continu.

10 FÉVRIER

LA TRANQUILLITÉ

«Comme l'eau qui ne peut refléter clairement le ciel et les arbres qu'à condition que la surface soit tranquille, l'esprit ne peut seulement refléter l'être que lorsqu'il est dans un état de tranquillité et de détente.»

— INDRA DEVI

Aujourd'hui, je prendrai le temps de me détendre et de retrouver ma tranquillité intérieure. Je sais que lorsque je retrouve ma tranquillité, je vois la vie d'une tout autre optique. Je suis plus calme, plus réceptif et je regarde les choses d'un oeil positif.

11 FÉVRIER

ÊTRE EN ACTION

«Mon action est mon seul bien, mon action est mon héritage, mon action est la matrice qui me fait naître, mon action est ma race, mon action est mon refuge.»

— BOUDDHA

L'action nous permet de matérialiser nos rêves et d'atteindre nos objectifs. L'action concrétise notre existence et témoigne de notre passage. L'action ouvre le chemin vers la réalisation de soi. En étant en action, on peut plus difficilement s'apitoyer sur son sort. En étant en action, on chasse l'ennui et les démons de la solitude. En étant en action, on se taille une place parmi les vivants.

Aujourd'hui, j'entre en action car je sais que je suis l'architecte de mon présent et de mon avenir.

12 FÉVRIER

L'ÊTRE SUPÉRIEUR

«Le mot latin agape désigne la compréhension et la bonne volonté rédemptrice à l'égard de tous les hommes. Il s'agit d'un amour débordant qui n'attend rien en retour. Les théologiens diraient que c'est l'amour de Dieu qui régit le cœur humain. Lorsqu'on aime de la sorte, on aime tous les hommes non pas pour eux-mêmes, mais parce que Dieu les aime.»

— MARTIN LUTHER KING, FILS

Lorsque je choisis de favoriser l'Être supérieur, je choisis ce qui est noble, généreux et magnanime en moi. Je dis non à la gratification du moment et je dis oui à la justice et à la beauté. Je peux être grand. Je reconnais le moment auquel je m'élève à un plus haut niveau d'action et auquel j'abandonne le besoin d'avoir raison et de gagner. Je reconnais celui où je choisis de favoriser le bien pour le plus grand nombre et celui où je me dépasse pour être plus grand. Certaines situations me demandent de laisser tomber une position ou un point de vue particulier et d'agir de façon plus généreuse et plus noble. Lorsque je me dépasse de cette façon, j'éveille en moi l'Être supérieur. J'accueille la grandeur dans ma vie et je deviens différent.

Aujourd'hui, je choisis l'Être supérieur en moi.

DITES QUI VOUS ÊTES

«Plusieurs ont tendance à croire qu'ils se résument aux choses qui les entourent. Lorsqu'ils se décrivent, ils parlent de leurs attributs physiques, leur âge, leur profession, leur statut civil et le quartier dans lequel ils habitent. En effet, ils parlent de toutes les choses qui ne sont pas eux, pour se décrire. Au fond, chacun sait qu'il n'est pas son corps, son âge, la voiture qu'il conduit et la marque de cigarettes qu'il fume. Toutes ces choses sont accessoires.»

— MARC ALAIN

Lorsque je dois parler de moi-même, je parle des choses qui me touchent profondément. J'aime décrire mes rêves et mes aspirations, et parler de mon évolution spirituelle. J'aime aussi parler de création, car je me définis comme un artiste et un créateur. J'aime développer des relations gagnantes avec toutes sortes de gens car je les perçois comme dignes d'amour et de respect.

Aujourd'hui, je parle de qui je suis vraiment.

UNE CHANSON D'AMOUR

Certaines chansons d'amour viennent nous toucher au fond de notre cœur d'amoureux. Certaines mélodies nous font vibrer, dans la profondeur de notre être. Ces chansons d'amour nous rappellent l'amour qui est venu dans notre vie et l'amour qui vit toujours en notre cœur.

Aujourd'hui, j'écouterai ces chansons d'amour qui m'ont touché si profondément.

15 FÉVRIER

LE POUVOIR DE NOS RÊVES

«Richard et moi avions imaginé prendre notre retraite à 45 ans, et faire le tour du monde en voilier. Nous avons bercé ce rêve pendant des années. Lorsque je suis tombée enceinte, le rêve est tombé à l'eau. Aujourd'hui, nous avons une belle famille et nous sommes heureux. J'aime vivre et rêver avec mon homme. Quoi qu'il advienne, nous serons ensemble.»

— RACHELLE B.

La relation de couple est un rêve que l'on fait à deux. On rêve ensemble à notre avenir, à ce qu'on désire réaliser ensemble. Le rêve du couple en est un fait d'aventures, d'une vie sexuelle satisfaisante, de progrès sur le plan matériel. Le rêve du couple inclut la famille, les enfants, la croissance personnelle et la maturité. Le rêve d'une relation de couple se fait à deux et se partage à tout moment.

Je peux te dire comment je conçois notre avenir ensemble et tu peux faire de même. Ensemble, nous pourrons imaginer un avenir riche et vivant qui nous ressemble, qui nous inspire et nous pousse vers l'avant.

Aujourd'hui, je communique mes rêves, mes aspirations et mes buts, et j'écoute l'autre.

La vie file à vive allure

Parfois on se rend compte que toute une période de notre vie a filé le temps de le dire. Nous étions là à prendre des décisions, à faire et à dire des choses, à prendre position. Mais avec un certain recul, on se rend compte que tout s'était enchaîné comme dans un rêve. Impossible d'arrêter le train, les jeux sont faits et nous voilà avec les conséquences. Durant ces périodes mouvementées, on a l'impression d'avoir fonctionné sur le pilotage automatique.

Heureusement, lorsque l'on retrouve son calme, on peut toujours faire une analyse plus complète de la situation et prendre des décisions plus définitives.

Aujourd'hui, je prends le temps de digérer les événements récents. Je peux prendre le temps et le recul nécessaires.

17 FÉVRIER

S'ÉVEILLER À L'AMOUR DE SOI

«Le véritable amour de soi est d'autant plus précieux qu'il est rare. L'amour de soi n'est pas de l'égoïsme ou de l'égocentrisme, mais plutôt la création d'un environnement intérieur favorable à l'amélioration de soi.»

— SUE PATTON THOELE

La relation qu'on entretient avec soi-même est déterminante dans l'atteinte du bonheur. La façon dont on se comporte envers soi-même, la façon dont on se parle, les possibilités qu'on s'offre, les moments de plaisir et de détente qu'on s'accorde, tous ces éléments sont importants. Plusieurs individus ont tendance à négliger leurs besoins et à centrer leur attention sur ceux d'autrui.

À présent, je vois comment ma relation avec moi-même est déterminante. Alors je m'occupe de moi. Je m'offre tout l'espace et tout le temps nécessaires. Je me comporte envers moi-même comme si j'étais mon meilleur ami.

LE DÉFI DU COUPLE

«Nous avons commencé à éprouver un grand stress dans notre couple lors de l'arrivée de notre troisième enfant. Luc n'était pas un enfant planifié et les deux autres, qui avaient huit et dix ans, se sont sentis délaissés. Je ne voulais pas d'un troisième enfant, mais l'avortement était hors de question à cette époque. Luc était un enfant plus difficile qui ne faisait pas ses nuits. De plus, il avait plusieurs problèmes de santé. Du jour au lendemain, la vie était devenue une réelle corvée et mon mari devenait de moins en moins présent. Il passait de plus en plus de temps à l'extérieur et je me sentais vraiment seule et abandonnée. Lorsque notre couple a été mis a l'épreuve, j'ai vu la vraie nature de cet homme.»

— JEANNETTE DE C.

Le couple est un projet commun. Lorsqu'on décide d'élever une famille, on accepte un défi de taille. Il est possible d'élever une famille seul, mais la tâche est moindre lorsque deux individus aptes à le faire décident de s'y consacrer.

Aujourd'hui, je serai présent et à l'écoute des besoins de ma famille.

L'ÂGE

«Ainsi toujours poussés vers de nouveaux rivages,
Dans la nuit éternelle emportés sans retour,
Ne pourrons-nous jamais sur l'océan des âges,
Jeter l'ancre un seul jour?»

— LAMARTINE

Un jour on a dix ans. Un jour on a vingt ans. Un jour quarante. Un jour soixante. La valse constante du temps nous emporte vers l'âge d'or. Sans que l'on puisse pour un instant s'en échapper. Le temps sans merci nous montre son visage impitoyable. Il y aura toujours des gens plus jeunes que nous. Il y en aura toujours qui seront plus fins que nous. Il s'en trouvera toujours de plus sages. Mais aucun d'entre eux ne saura échapper à ce courant.

Aujourd'hui, je sais que l'âge fait partie de la vie. Je ne peux pas lutter contre ce qui est inévitable. Il vaut mieux centrer mes efforts sur ce qu'il m'est possible de changer.

CHOISIR

«Durant les années 1970, tous voulaient vivre pleinement leurs émotions et leurs désirs d'aventure. Avec le féminisme, j'étais devenue persuadée que j'étais plus attirée envers les femmes que les hommes, que je pourrais être plus épanouie dans une relation avec une autre femme. Alors, j'ai rompu avec Jean-Paul malgré le fait que nous avions deux jeunes enfants. Je me suis trouvée toute sorte de bonnes raisons pour justifier mon départ et pour vivre mon expérience féministe jusqu'au bout. Mais après quelques années, je me suis rendue compte que vivre en couple avec une femme présentait les mêmes défis et les mêmes difficultés que vivre avec un homme.»

— MAUDE

Lorsqu'on vit en couple, on doit tenir compte de l'autre. Nos choix peuvent avoir une influence importante sur l'autre. Notre sphère d'influence est plus vaste. On ne doit pas cesser d'agir mais on doit pouvoir mesurer avec plus de précision l'impact de nos choix sur l'autre. Avec le temps, on en vient à savoir ce que l'autre peut ou ne peut pas vivre. On vient à savoir comment agir dans le meilleur intérêt du couple.

Aujourd'hui, je pèserai l'impact de mes choix sur l'autre.

ACCEPTER LA FIN D'UNE RELATION

«Dire que vous pouvez aimer une personne toute votre vie, c'est comme si vous prétendiez qu'une bougie continuera à brûler aussi longtemps que vous vivrez.»

— L. TOLSTOI

Au début d'une relation amoureuse, les passions sont fortes et on peut seulement penser que l'amour durera toute la vie. Avec le temps, la passion s'estompe et les ardeurs se tempèrent. On peut même se sentir prisonnier d'une relation amoureuse. On peut choisir de rester ensemble pour les enfants ou pour les voisins. On peut aussi choisir de vivre autre chose.

Aujourd'hui, je sais que je peux rester et que je peux partir. C'est à moi de choisir. Je n'entretiendrai pas une relation sans amour par culpabilité et de crainte de me retrouver seul.

SAVOIR QU'ON A GRANDI

On se rend compte qu'on a grandi lorsque les personnes et les événements qui nous ont troublés ou attristés semblent n'avoir presque aucun effet sur nous. Nous pouvons grandir au-delà de la peine, du deuil et de la douleur du rejet. On peut refaire sa vie, retourner aux sources et apprendre à s'aimer de nouveau. On sait qu'on a grandi car la vie vaut enfin la peine d'être vécue et on sent le bonheur quotidien au bout de ses doigts. Alors je persévère, car je sais que j'ai grandi.

Aujourd'hui, je sais que je grandis. Je sens qu'il y a de plus en plus de distance entre ma peine et moi. Je retrouve progressivement mon harmonie et ma joie intérieure.

23 FÉVRIER

ACCEPTER LA BEAUTÉ DE NOS IMPERFECTIONS

«Lorsque nous cédons aux comparaisons, en général notre estime de soi paye la note. On trouvera toujours quelqu'une de plus intelligente, de plus mince, de plus créatrice, de plus jolie ou de plus jeune. Nous sommes toutes habitées de vides, à la façon d'un fromage gruyère, sauf que nos vides se trouvent en des endroits différents.»

— SUE PATTON THOELE

On dit que les imperfections rendent les gens plus aimables. Tout ce que je sais c'est que, tôt ou tard, chaque personne doit affronter ses propres imperfections et ses propres limites. On ne peut pas espérer posséder tous les talents, toute la beauté et tous les atouts. Par contre, chacun possède ses qualités et sa beauté propre. Chacun a quelque chose à offrir. Et chacun a la possibilité de s'améliorer et de s'épanouir. On est grand lorsqu'on cherche à grandir. On est beau lorsqu'on est authentique. On est aimable lorsqu'on se laisse aimer. Tous les gens ont des petits côtés à améliorer. Certains ne s'en rendent pas compte.

Aujourd'hui, je sais que la beauté vient avec l'authencité.

24 FÉVRIER

DIRE LA VÉRITÉ

«Je me suis rendu compte que je n'avais pas été honnête avec moi-même. Je m'étais fait croire que ma vie évoluait dans le bon sens. Mais au fond de mon cœur, je savais que je n'étais pas heureux. J'avais, en cours de route, compromis mes valeurs et abandonné mes rêves. Cette constatation a profondément changé le cours de ma vie. À partir de ce moment, j'ai commencé à laisser de côté tout ce qui n'était pas moi, tout ce que j'avais adopté pour créer l'apparence d'une vie heureuse.»

— JÉRÉMIE P.

Aujourd'hui, je regarde dans mon cœur et je me demande si je suis vraiment heureux. Je prends le temps de chercher la vérité et de laisser cette vérité me guider.

25 FÉVRIER

VIVRE POUR SOI

J'ai ma réalité et tu as la tienne. J'ai une vision de ce que doit être ma vie et tu as ta propre vision. Je ne peux bâtir ta vie à ta place et réaliser tes rêves. Tu ne peux vivre ma vie et essuyer mes échecs en mon nom. Nous pouvons vivre ensemble, mais nous ne serons jamais un même être. Nous serons toujours deux. Nos affinités et notre désir de partage peuvent nous garder ensemble. Notre volonté d'aimer et notre capacité de comprendre peuvent nous permettre de mieux nous comprendre. Mais je serai toujours moi et tu seras toujours toi.

Aujourd'hui, je sais que je serai toujours moi.

LES PETITES VICTOIRES

On doit parfois se satisfaire de petites victoires journalières: la rencontre favorable, le client satisfait, la livraison reçue à temps, la tâche complétée. Le succès est fait de petites victoires quotidiennes, d'une multitude de gestes et de réalisations. L'être qui désire réussir doit savoir se nourrir de ces petites victoires s'il espère traverser le désert vers la terre promise.

Aujourd'hui, je vois les petites victoires comme des petites perles trouvées sur la route qui me mène à la réalisation plus complète de mes rêves. Ces petites victoires me nourrissent et me désaltèrent.

27 FÉVRIER

L'AMOUR DIVIN

«Lumière sereine de mon âme, Matin éclatant des plus doux feux, devenez en moi le jour. Amour qui non seulement éclairez, mais divinisez, venez à moi dans votre puissance, venez dissoudre doucement tout mon être. Détruite en ce qui est de moi, faites que je passe en vous tout entière, en sorte que je ne me retrouve plus dans le temps, mais que je vous sois étroitement unie pour l'éternité.»

— SAINTE GERTRUDE

Aujourd'hui, je recevrai cette lumière divine qui nourrit et guérit mon être véritable.

VIVRE ET GRANDIR DANS LA SIMPLICITÉ

Est-ce si compliqué de prendre la vie avec simplicité? Le soir après le repas, plutôt que de se laisser assommer par les mauvaises nouvelles des informations télévisées, pourquoi ne pas faire une promenade? Le matin, avant de m'engouffrer dans mon auto pour affronter les bouchons de circulation, je me plais à prendre une bonne bouffée d'air frais. Je m'attarde aussi quelques secondes à ce qui m'entoure. Je regarde les arbres, les nuages, j'écoute le chant des oiseaux; bref, j'ouvre mes yeux et mon cœur aux choses simples de la nature. L'espace de quelques secondes, j'ai libéré mon esprit des problèmes qui peuvent me tracasser.

Aujourd'hui, sur le chemin de la réussite, je prends le temps de respirer un peu. Je cherche à développer un plus grand calme intérieur en regardant autour de moi et en prenant plaisir à être en vie tout simplement. Je comprends qu'il est plus difficile de vraiment profiter de la vie lorsqu'on se sent bousculé et pressé. Alors, je prends le temps de vivre et grandir dans la simplicité.

L'EXPÉRIENCE

Les conclusions, les attitudes et les décisions qui résultent de l'expérience sont toutes aussi importantes que l'expérience même. Si à la suite d'une relation de couple tumultueuse, on décidait de ne plus aimer ou de ne plus s'engager à nouveau, on ne profiterait pas des fruits de l'expérience.

On peut aussi passer sa vie à répéter sans cesse le même type d'expérience. La résistance à l'apprentissage peut conduire à refaire constamment la même erreur. Il faut tirer leçon de ses expériences et savoir utiliser ses connaissances afin de vivre une vie meilleure. L'expérience peut être notre guide à la seule condition d'en tirer des leçons valables.

Aujourd'hui, j'utilise le fruit de mes expériences pour améliorer ma vie. J'apprends de l'expérience et je mets en pratique ces leçons importantes.

RISQUER

«Afin d'être heureux, l'on doit risquer d'être malheureux. Afin de vivre au maximum, l'on doit risquer la mort et accepter son ultime décision.»

— JUDD MARMOR

On peut se faire confiance. On peut entreprendre de nouveaux projets et nouer de nouvelles relations. On peut encourir des risques car on peut se faire confiance.

Aujourd'hui, je me permets d'encourir des risques car je sais que je peux me faire confiance.

3 MARS

UN ENFANT DE L'UNIVERS

«Vous êtes un enfant de l'univers, au même titre que les arbres et les étoiles; vous avez le droit d'être ici. Et que cela soit clair ou non pour vous, il ne fait aucun doute que l'univers s'épanouit comme il se doit.»

— MAX EHRMANN

Aujourd'hui, je vois que j'ai ma place en ce monde. Je peux respirer et prendre le temps de vivre. Je me suis parfois senti bousculé mais, à présent, je sais que j'ai le droit d'être ici, maintenant, entier et vivant.

LA QUALITÉ DE L'ÊTRE

«Ce qui est derrière nous et ce qui est devant nous sont peu de chose comparativement à ce qui est en nous.»

— RALPH WALDO EMERSON

Quand tout est dit et fait, on s'aperçoit que c'est la qualité de l'être qui fait la différence. On peut posséder un château, tenir un emploi prestigieux ou être d'une beauté singulière mais tout cela pâlit devant la qualité de notre vie intérieure.

Aujourd'hui, je me rends compte que ce qui importe vraiment est ce qu'il y a en mon cœur.

Être dans la vie

«L'actualisation de soi ne dépend pas de notre retrait d'un monde insensible ou de la contemplation narcissique de soi. Un individu devient une personne en savourant la vie et en contribuant au monde qui l'entoure.»

— Francine Klagsbrun

Oui, le monde peut parfois être très insensible et même cruel. Oui, le jeu de la vie peut être difficile. Je ne peux cependant pas me retirer de la vie et vivre dans mon petit monde. Je dois aller de l'avant afin de découvrir ce qu'est ma vie et mon destin véritable. Je dois aussi participer activement à la vie des autres afin de me réaliser et de contribuer à leur réalisation.

Aujourd'hui, je sors afin d'explorer. Je ne peux pas découvrir la vie en restant chez moi.

6 MARS

PRENDRE POSITION

«Il y a des choses pour lesquelles une position sans compromis en vaut la peine.»

— DIETRICH BONHOEFFER

Il est impossible d'évoluer si on ne prend pas position par rapport aux choses qui sont vraiment importantes. Par exemple, si on veut réussir dans une profession, on doit prendre position et travailler activement en cette sphère d'activité afin de réaliser ses objectifs. Si on veut une vie de couple active et satisfaisante, on doit s'investir et faire le travail nécessaire au développement du couple. À un moment donné, on doit prendre position en affirmant ce que l'on désire vraiment et ce que l'on est prêt à faire afin de réaliser ses objectifs.

Aujourd'hui, je prends position par rapport aux choses qui sont vraiment importantes à mes yeux.

LE MENSONGE

Certains ont l'impression qu'ils doivent fabriquer des mensonges pour se protéger ou pour éviter l'inévitable. Le mensonge est le pire ennemi de l'Homme. Le mensonge perpétue une réalité dans laquelle nous ne pouvons pas vraiment vivre. Nous devenons prisonniers de nos mensonges, contraints à les soutenir et les camoufler. En dernière analyse, on se rend compte qu'il aurait été bien plus sage de dire vrai dès le départ et d'assumer les conséquences de la vérité plutôt que de vivre enchaîné à tel ou tel mensonge.

Aujourd'hui, je dis la vérité car je sais que je n'ai pas le temps, l'énergie et le luxe de vivre dans le mensonge.

LA SENSUALITÉ

«La sensualité nous permet d'exprimer nos émotions sous une forme physique. Le corps sait, pressent et enseigne de manière éloquente et directe. Lorsque nous sommes tous deux touchés d'une même manière, lorsque l'amour physique nous transporte dans la grâce et l'extase, nous sommes mus sans mot dire vers une intégration des corps et de l'esprit qui pose un baume sur toutes nos blessures.»

— DAPHNE ROSE KINGMA

La sensualité, le toucher et l'amour physique appartiennent au couple car ce sont des manifestations tangibles du désir d'union. L'amour physique est une activité exigeante. Seule la relation de couple peut utiliser de façon constructive ces forces enivrantes de l'amour physique. De l'amour physique naît la famille et le désir d'être ensemble. Certains diront que le sexe et la sensualité appartiennent à quiconque et dans n'importe quel contexte. Voilà le problème! Lorsque l'amour physique perd sa vraie raison, il trouve sa manifestation dans une multitude de formes perverses. On constate que le sexe à l'extérieur d'une relation de couple engagée ne mène qu'à la confusion et à l'abrutissement.

Aujourd'hui, je vois que la sensualité et l'amour physique appartiennent à ma relation de couple.

9 MARS

ÊTRE SPONTANÉ

«La spontanéité, c'est être capable de faire quelque chose simplement parce que l'on a envie, à un moment, de faire confiance à son instinct de s'étonner soi-même, et de tirer des griffes du train-train un peu de plaisir imprévu.»

— RICHARD IANNELLI

On oublie souvent l'importance de la spontanéité dans la cadre strictement géré de notre vie en voyage organisé. Être spontané signifie être ouvert à la magie du moment et manifester ce qu'il y a dans notre cœur. On craint parfois d'être jugé ou rejeté. Alors on a appris à user de prudence et à se comporter correctement en toutes situations. Hélas! une vie sans élan de spontanéité est une vie sans soleil.

Aujourd'hui, je me permets d'être spontané.

10 MARS

L'EMBARRAS DU CHOIX

Lorsqu'on est jeune, on a l'embarras du choix. On peut choisir tel ou tel mode de vie. On peut entretenir un grand nombre de relations et vivre une grande variété d'expériences. La vie se présente à nous comme une vaste gamme de possibilités. Mais avec les années, on sent que l'éventail des choix se rétrécit. On a l'impression que les jeux sont faits et on saute plus difficilement d'une situation à l'autre. Le temps manque et l'expérience nous a appris que l'échec est toujours omniprésent. On traîne le passé derrière soi et la vie se présente comme une succession ininterrompue d'événements inévitables.

Malgré cette réalité, il faut savoir qu'il y a toujours des choix. On a toujours la possibilité de choisir. On peut tout changer et savoir que ne rien changer est également un choix. Les possibilités sont toujours aussi grandes à vingt ans ou à cinquante ans. À cinquante ans, on doit cependant se rappeler plus souvent qu'on a toujours la possibilité de choisir.

Aujourd'hui, je sais que je peux choisir. Je conserve ma liberté de choix à chaque moment et en chaque circonstance.

11 MARS

JE ME RÉJOUIS D'ÊTRE ICI, MAINTENANT

«Hier n'existe plus. Demain ne viendra peut-être jamais. Il n'y a que le miracle du moment présent. Savourez-le. C'est un cadeau.»

— MARIE STILKIND

Je me réjouis d'être ici, maintenant. J'ai dû traverser des étapes difficiles mais à présent je sais que je suis en mesure d'affronter toutes les adversités et toutes les situations en conservant mon sang-froid et ma raison. Je suis maître de ma vie et de mon destin.

12 MARS

JEUNE POUR TOUJOURS

«Que Dieu vous bénisse et vous garde pour toujours,
Que tous vos souhaits se réalisent,
Puissiez-vous être altruiste et puissent autrui vous le rendre,
Puissiez-vous construire une échelle vers les étoiles, en gravir chaque échelon,
Puissiez-vous rester jeune pour toujours.»

— BOB DYLAN

Aujourd'hui, je sens que je serai jeune pour toujours.

DÉTERMINER CE QUE L'ON VEUT

«Vous devez déterminer ce que vous voulez, sinon il se trouvera quelqu'un pour vous vendre ses salades, lesquelles pourraient causer un tort irréparable à votre estime personnelle, à l'idée que vous vous faites de votre valeur et aux talents que Dieu vous a prêtés.»

— RICHARD NELSON BOLLES

On peut passer sa vie à réparer des pots cassés ou alors faire en sorte de vivre la vie qu'on a choisie. Les défaitistes diront qu'il faut se satisfaire de ce que la vie nous apporte. Moi je dis qu'on doit savoir ce que l'on veut et faire en sorte que la vie nous l'apporte. On a le choix. On peut être une victime ou l'auteur et l'architecte de sa vie. Si on choisit d'être une victime, on a l'impression que la vie nous est imposée et que les événements sont en quelque sorte en dehors de notre contrôle. Sinon, on peut être l'architecte de sa vie. À ce moment, on devient l'auteur de tout ce qui advient au fil des jours. On conserve toujours la possibilité d'agir, de changer, de mouler et d'accepter.

Aujourd'hui, je m'interroge sur ce que je veux vraiment.

Le contrôle biochimique des émotions

Les scientifiques à l'emploi des grandes sociétés pharmaceutiques voudraient nous faire croire que les émotions humaines sont des réactions biochimiques qui s'opèrent à partir du cerveau. Ces sociétés ont harnaché de nouveaux marchés en nous vendant l'idée qu'il est possible d'influer sur les humains et les émotions grâce à des drogues et des médicaments. Heureusement! La majorité des gens ne croient pas cela. Le corps humain recèle un esprit qui vit au-delà de ses limites. Les émotions résultent de l'état de l'être et non pas des réactions biochimiques du cerveau.

Aujourd'hui, je me méfie de toute forme d'intervention qui restreint mon libre arbitre et menace ma vie émotionnelle et spirituelle.

Avoir confiance en soi

«Certains hommes atteignent la réussite parce qu'ils ont l'intime conviction qu'il ne peut en être autrement. Le succès les emplit tout entier. Il n'y a pas le moindre interstice par lequel l'échec puisse s'infiltrer. Cette certitude orgueilleuse ressemble à l'autosuggestion. En tout cas, tout se passe comme si l'échec ne pouvait avoir prise sur eux, comme s'ils étaient immunisés contre tout germe négatif.»

— François Garagnon

Réussir, atteindre ses objectifs, réaliser ses rêves, exigent une forme de certitude. La certitude qu'on pourra trouver les moyens et la force intérieure pour parvenir à ses fins. Dans cette aventure qu'est la vie, on doit pouvoir compter sur soi. On doit pouvoir maintenir son élan de départ et s'encourager afin de se frayer un chemin vers le but choisi. Personne ne peut nous donner la confiance en soi. Une attitude qui exclut la possibilité d'un échec ou d'un abandon est certainement un atout. On doit croire profondément en soi-même et savoir qu'on atteindra son objectif malgré tout. Alors, la seule possibilité est de croire en soi et de savoir qu'on atteindra son objectif.

Aujourd'hui, je mets de côté le doute et j'adopte une attitude de confiance et de certitude. Je sais que je peux réussir.

Assouplir nos critères

«Lorsque personne autour de vous n'est à la hauteur de vos attentes, c'est peut-être qu'elles sont trop hautes.»

— Bill Lemley

Chaque personne a ses défis à relever et ses limites à surmonter. On peut juger sans cesse les gens qui nous entourent ou on peut tenter de les comprendre et faire ce qu'on peut pour les accepter et leur venir en aide.

Aujourd'hui, je tenterai d'être plus conciliant et mieux comprendre les gens qui m'entourent. Si je passe mon temps à juger et à critiquer les autres, je me retrouverai rapidement seul.

17 MARS

BOUGER UN PEU

«Le corps est la maison de notre âme. Ne faut-il pas s'occuper de la maison afin qu'elle ne tombe pas en ruine?»

— PHILO JADAEUS

L'inactivité peut être la source de plusieurs maux. En bougeant un peu, on peut plus facilement garder bonne mine et conserver un bon niveau d'énergie. Je sais qu'en marchant un ou deux kilomètres chaque jour, je contribue à ma santé et je garde le moral.

Aujourd'hui, je prends la décision de bouger un peu. Je n'ai pas à adopter un régime d'exercice rigoureux, mais simplement bouger un peu chaque jour en faisant des activités physiques qui me sont agréables.

MON CHEF D'ŒUVRE

«Nul ne doit se considérer divin au point de se montrer incapable, à l'occasion, d'apporter des améliorations à sa création.»

— LUDWIG VAN BEETHOVEN

Notre vie peut ressembler à une œuvre d'art. On peut créer une vie esthétique, un peu comme on peint un tableau, réalise une sculpture ou compose une chanson. Notre vie est composée d'éléments. Ces éléments, une fois mis en relation, font un tout harmonieux ou cacophonique. On choisit les divers éléments qu'on intègre à notre vie. On peut ajouter ou soustraire des éléments. On peut ajuster et raffiner nos mouvements afin de créer une belle vie.

Aujourd'hui, je vois ma vie comme un petit chef-d'œuvre en développement. Comme artiste créateur de ma vie, je bouge et je juxtapose les éléments afin de composer un tout harmonieux.

LA LUMIÈRE EN MOI

«Ce que l'on crée en soi se reflète toujours à l'extérieur de soi. C'est là la loi de l'univers.»

— SHAKTI GAWAN

Nous vivons dans un monde à l'envers. Nous valorisons principalement les apparences: l'âge et l'état physique de quelqu'un, la richesse de sa demeure, le modèle et le prix de son automobile. En réalité, ces facteurs ne sont pas très importants. Au plus, ils peuvent indiquer qu'une personne a bien réussi sur le plan matériel ou est en bonne forme physique (ce qui n'est pas mauvais en soi). Cependant, si nous possédons tous les biens matériels et la beauté physique mais que nous ne sommes pas réellement heureux et profondément satisfaits, nous vivons dans un état dégradé.

Aujourd'hui, j'investis sur mon éveil et ma croissance comme être spirituel car je sais qu'il s'agit d'une valeur sûre.

ATTENDRE LE MOMENT PROPICE

«Lequel parmi nous est suffisamment mûr pour avoir des enfants avant que les enfants n'arrivent? La valeur du mariage tient à ce que ce ne soit pas les adultes qui fassent les enfants, mais les enfants qui fassent les adultes.»

— PETER DE VRIES

Certains se précipitent à pieds joints dans une entreprise sans se soucier des conséquences. D'autres passent leur vie à attendre le moment propice et ratent la bateau de peur de connaître un échec. Entre ces deux positions, il y a la possibilité d'agir en connaissance de cause. On peut savoir que le succès n'est pas assuré tout en étant disposé à donner le meilleur de soi-même afin de réussir.

Aujourd'hui, je suis en action car je sais que je possède l'intelligence et la capacité de réussir. Je n'attendrai pas indéfiniment avant de passer à l'action par peur de connaître un échec.

LA VIE QUI PROLIFÈRE AUTOUR DE NOUS

«J'aime beaucoup jardiner. J'aime regarder les fleurs et les arbres pousser. Je suis toujours émerveillé de voir comment la vie d'une plante évolue et je me sens privilégiée que cette plante ait choisi de s'installer dans mon jardin. Je vois mon jardin comme un petit écosystème qui contient une multitude de formes de vie. Les plantes, les insectes, les oiseaux, l'eau, le soleil et la chaleur dansent et je les observe avec fascination.»

— THÉRÈSE D.-L.

Aujourd'hui, je sens que la vie est en moi et autour de moi. Je peux dès maintenant commencer à préparer la venue du printemps en préparant les semences qui fleuriront dans mon jardin.

UN PETIT GRAIN DE DIVINITÉ

«Pardonner, c'est voir la personne qui vous a offensé d'une manière entièrement différente. À travers les yeux de la charité et de l'amour. C'est une tâche difficile mais qui peut transformer une vie, puisque le pardon amène un nouveau souffle dans une relation et modifie la chimie entre les deux intervenants - de l'amertume à la douceur.»

— DAPHNÉ ROSE KINGMA

On peut apprendre à pardonner car dans le pardon, il y a un grain de divinité. Le pardon est signe de noblesse. C'est aussi un signe de grandeur, car il faut être capable de surmonter sa rancœur, sa colère et même quelquefois son orgueil pour choisir la voie de la compassion. Ce n'est pas chose facile, mais une fois l'émotivité passée il faut savoir se l'imposer, ne serait-ce que pour centrer notre attention et nos efforts sur autre chose. En effet, la colère est mauvaise conseillère et l'amertume nous emprisonne dans la morosité.

Aujourd'hui, je pardonne car je connais trop bien le prix de ne pas pardonner. Je veux être libre des blessures du passé alors je pardonne ceux qui m'ont offensé et je me pardonne les erreurs passées.

23 MARS

LE PRINTEMPS APPROCHE

Le mois de mars peut s'avérer particulièrement pénible. La neige et le froid nous talonnent encore et les jours sont trop courts. Mais nous entendons cette petite voix du printemps qui nous murmure dans les branches qu'il s'approche inévitablement de nous. Il y a ici et là de petits signes que l'hiver tire à sa fin et que des jours plus cléments approchent.

Aujourd'hui, je sens que le printemps approche. Et avec le printemps viennent l'énergie et l'espoir du renouvellement.

24 MARS

AGIR

«Lorsque j'ai rencontré Marie, je ne l'avais pas vue depuis plusieurs années. Elle avait vieilli. Elle avait perdu cette lumière dans ses yeux. J'ai eu quelques minutes pour savoir comment les choses allaient. Malgré son discours, je sentais que les choses ne tournaient pas rond dans sa vie. Elle me paraissait inquiète et fatiguée. Je lui ai parlé un peu de moi et nous nous sommes quittés en nous souhaitant bonne chance. Environ un an plus tard, un ami m'a dit qu'il avait appris que Marie s'était suicidée. J'en étais complètement sidéré. J'avais le sentiment que j'aurais pu faire quelque chose lors de notre dernière rencontre. J'étais très chagriné de me rendre compte que je ne la reverrais plus jamais.»

— MARC A.

Parfois quelqu'un près de nous lance un cri d'alerte. On doit savoir interpréter les signaux et entendre le message de détresse d'une personne qui requiert de l'aide. On peut faire quelque chose seulement si on est capable de voir et d'entendre.

Aujourd'hui, je suis à l'écoute des autres.

S'ACCEPTER SANS RÉSERVE

«Je dois m'accepter progressivement comme je suis — sans cachette, sans déguisement, sans fausseté et sans rejet d'aucune facette de moi-même — et sans jugement, sans condamnation ou dénigrement d'aucune facette de moi-même.»

— ANONYME

Vient un moment dans une vie où l'on ne peut plus vivre pour les autres ou en fonction de l'approbation des autres. Vient un moment où on comprend qu'on doit s'accepter sans réserve afin de poursuivre notre évolution. En s'acceptant, on peut commencer à vivre en harmonie avec soi.

Aujourd'hui, je sais que je suis un être d'une grande valeur. Je peux m'aimer. Je peux me donner la permission de vivre, de rire et de m'amuser. Je peux faire des choix qui contribueront à mon bien-être et à mon épanouissement. Je peux apprendre, grandir et me transformer.

COMPLIMENTER

"Les compliments sont la nourriture verbale de l'âme. Ils engendrent l'amour-propre et, de façon très subtile, créent la personne dans toute son essence! Les compliments invitent la personne louangée à accepter une nouvelle perception d'elle. Tout comme les couches de nacre d'une perle recouvrent un grain de sable qui irrite, les compliments nous enveloppent de beauté."

— DAPHNE ROSE KINGMA

Chacun a besoin d'une forme de renforcement positif. Les êtres ne réagissent pas tellement bien à la punition ou aux menaces. Si on cherche a établir des relations durables fondées sur l'amour et le respect mutuel, on doit apprendre à reconnaître la valeur des autres. Chacun a sa valeur. Chacun cherche à contribuer positivement à son environnement. Si nous voulons favoriser le développement d'attitudes et de comportements constructifs nous devons complimenter les autres.

Aujourd'hui, je vois que les compliments sont importants. En faisant des compliments sincères, je montre aux autres qu'ils ont une valeur pour moi et qu'ils sont importants.

27 MARS

LES INQUIÉTUDES

«Nous devons planifier en fonction de l'avenir sans toutefois nous en inquiéter. La planification rassure, l'inquiétude trouble inutilement. La planification renforce, l'inquiétude fait des victimes.»

— SUE PATTON THOELE

L'inquiétude est un sentiment de peur diffus et généralisé qui n'a aucun objet précis. L'inquiétude émane de la peur de l'inconnu et d'une préoccupation de ce qui pourrait se produire demain. Tout ce que je sais avec certitude, c'est que je suis ici maintenant. J'ai dû affronter des situations difficiles et je m'en suis sorti. J'aurai à surmonter des défis à l'avenir et je sais que je possède toutes les capacités et toutes les ressources pour y parvenir. Lorsque je me surprends à m'inquiéter, je me dis que ça ne sert à rien. Mieux vaut composer avec la situation présente plutôt que d'essayer de prévoir les désastres futurs.

Aujourd'hui, je mettrai mes inquiétudes de côté et je vivrai l'instant présent.

UN VIE NOUVELLE

«Une vie nouvelle débute aussitôt que l'on se défait de ses vieilles écailles et que l'on fuit l'ombre en recherchant la lumière. Le printemps est tout indiqué pour marquer un nouveau départ.»

— KAREN KAISER CLARK

Une décision peut tout changer. Un pas dans une nouvelle direction peut ouvrir des horizons qui étaient fermés auparavant. On peut décider de faire peau neuve et d'entamer le processus de transformation qui nous mène vers une vie nouvelle.

Aujourd'hui, je sais que je peux entamer un processus de transformation profonde qui mène vers une vie nouvelle.

DIRE AU REVOIR À L'INDIFFÉRENCE

Aujourd'hui, on peut dire au revoir à l'indifférence. On peut se libérer de l'influence néfaste de l'indifférence qu'on observe autour de soi. Aujourd'hui, on peut côtoyer les gens qui nous apprécient. On peut s'entourer de gens intéressés et intéressants qui ont le goût de connaître de nouvelles choses et de vivre de nouvelles expériences. On peut aussi rejetter sa propre indifférence et s'activer.

L'indifférence mène en dernier lieu à l'abandon et à l'apathie, alors, lorsqu'on voit se manifester l'indifférence, on se dirige dans une autre direction.

Aujourd'hui, je dis au revoir à l'indifférence.

La joie partagée

«Joie partagée est joie doublée; peine partagée est peine de moitié.»

— Proverbe suédois

La vie est faite pour être partagée. On ne peut pas grandir seul. On doit inclure les autres dans le processus de transformation, de croissance et d'apprentissage. Lorsqu'on inclut les autres, la vie acquiert une dimension plus large. En plus de partager ses peines et ses joies, on apprend à contribuer au bonheur des autres.

Aujourd'hui, je sais que je ne suis pas une île. Je peux partager mes joies et mes peines avec les gens qui m'entourent et, de cette façon, ma vie prend une dimension plus profonde.

La vérité du moment

«Si je suis incapable de laver la vaisselle avec plaisir ou si je désire en finir rapidement afin de reprendre ma place à table pour le dessert, je suis tout aussi incapable d'apprécier mon dessert! La fourchette à la main, je songe à la prochaine tâche qui m'attend et la texture et la saveur du dessert, ainsi que le plaisir d'en profiter, s'envolent. Je serai toujours entraînée dans le futur et je ne serai jamais capable de vivre le moment présent.»

— Thich Nhat Hanth

On peut passer une bonne partie de notre vie dans une fuite vers l'avant, à s'imaginer que la joie, le succès, l'amour véritable viendront un jour. On a l'impression que tout ira mieux et que tout sera plus agréable lorsqu'on aura atteint tel ou tel but. On vit sous l'impression qu'un jour, tous les éléments de notre vie seront en harmonie et qu'à ce moment-là, la vie commencera vraiment. Dans cette optique, on ne vit pas pleinement l'instant présent. On est moins présent et disponible aux expériences de la vie.

Aujourd'hui, je me dis: «Pourquoi dois-je me presser pour me rendre à la retraite alors que la vraie vie se manifeste à moi à chaque instant?»

Mon âge réel

«J'ai l'ultime conviction que tous ceux qui ont mon âge sont des adultes, et que moi, je ne suis que déguisée.»

— Margaret Atwood

Lorsqu'on se regarde dans la glace et qu'on constate combien on a vieilli, on prend conscience de notre finitude. Le processus de vieillissement physique peut être ralenti, il n'en est pas moins inéluctable. On peut facilement se résigner ou croire que la vie est injuste envers nous. Tout cela peut être difficile à accepter.

On ne doit pas oublier, par contre, que la vraie beauté, la vitalité et la jeunesse émanent du cœur. Notre amour de soi et de la vie peut transparaître, illuminant alors notre visage et activant notre corps.

Aujourd'hui, je sais que la source de ma jeunesse et de ma vitalité est en moi. Je laisse surgir la lumière de la vie et de la joie, et je cesse de me préoccuper des années et des rides qui en témoignent.

2 AVRIL

ÉTERNEL RECOMMENCEMENT

«Ce qui est plus triste qu'une œuvre inachevée, c'est une œuvre jamais commencée.»

— CHRISTINA ROSSETTI

Nous avons l'occasion de vivre la vie que nous avons toujours souhaitée. Nous avons la chance de produire quelque chose qui aura un effet durable ici-bas. Pourquoi attendre à demain alors qu'on peut passer à l'action aujourd'hui?

Aujourd'hui je passe à l'action. J'ai décidé de ne plus attendre pour réaliser mes rêves.

APPRENDRE À SE SERVIR DE SES ÉCHECS

«La plupart de nos limites ne nous sont imposées que par nous-mêmes. Lorsque nous sommes convaincues de parvenir à quelque chose, en général nous y parvenons. Mais une telle conviction ne tient pas d'un vœu pieux. Prendre ses désirs pour la réalité est un acte passif; la conviction affirmée exige que l'on se fraye un chemin parmi les embûches ou qu'on sache les contourner afin de toucher au but.»

— SUE PATTON THOELE

On doit se mesurer à la réalité objective. On doit se rendre à l'évidence et apprendre à partir des conséquences de ses actions. L'échec est la réponse objective de notre environnement à notre action. Lorsqu'on échoue, on doit déceler exactement quelles actions, quels comportements ou quels facteurs ont contribué à l'échec. L'échec porte un tas de leçons utiles. Il est dit que l'on apprend davantage de ses échecs que de ses succès.

Aujourd'hui, je sais que je peux apprendre de mes erreurs. Je ne m'empêcherai pas d'agir pour éviter les échecs. Je serai en action en assumant pleinement la possibilité d'un échec.

BIEN MÛRIR

«S'il est triste de vieillir, il ne l'est pas de mûrir.»
— BRIGITTE BARDOT

La société moderne véhicule des notions pernicieuses à l'égard du vieillissement. D'aucuns considèrent les personnes de l'âge d'or comme un fardeau, un problème social qui doit être pris en charge par l'État. Nous nous sommes persuadés que le monde appartient aux jeunes et que les personnes mûres ont épuisé leurs possibilités et leur utilité. Cela est extrêmement malheureux. Dans une société de produits jetables, les personnes âgées nous paraissent tout aussi jetables qu'un briquet ou un stylo.

Mais la société est en voie de changer. Malgré l'évolution de la technologie et de la science, malgré cette promotion intensifiée vantant les vertus de la jeunesse, les personnes d'âge mûr conservent leur place dans la société. Elles sont de moins en moins délogeables. Elles possèdent leurs ressources financières et matérielles. Elles contrôlent le pouvoir politique. Elles possèdent des formations académiques solides. D'ici quelques années, on assistera à une véritable révolution quant à nos perceptions de l'âge et du vieillissement.

Aujourd'hui, je constate que je joue un rôle clef. Je ne suis pas facilement remplaçable. Je vois la jeune génération et je sais de façon intrinsèque qu'elle aura besoin de moi.

PRUDENCE ET COURAGE

«Quand la prudence est partout, le courage est nulle part.»

— S.E. LE CARDINAL MERCIER

Il existe une variété de mécanismes sociaux et financiers qui favorisent la prudence. L'assurance-vie, l'assurance maladie, les programmes d'épargne-retraite, les régimes de retraite, l'assurance salaire, les conventions collectives, etc. Tous ces programmes de réduction des risques sont valables et contribuent à notre besoin de sécurité. Cependant, la vie ne demande pas seulement de la prudence mais aussi du courage. Le courage d'agir, de vivre et d'être parmi ceux qui agissent dans le but d'améliorer la société.

Croire que l'on pourra accumuler des billes toute sa vie pour ensuite les retirer au moment opportun, c'est rater le bateau. La vie n'est pas une partie de billes. C'est une série d'expériences dynamiques et vivantes qui m'incitent à l'action.

Aujourd'hui, je vois la vie comme une série d'expériences dynamiques et vivantes qui m'incitent à l'action.

UNE RELATION EMPREINTE DE SÉCURITÉ

Chacun a besoin d'un cadre stable afin d'évoluer sur les plans émotionnel et spirituel. Sans une forme de stabilité essentielle, l'être entretient le doute et connaît l'angoisse perpétuelle. Il faut savoir où l'on est, auprès de qui on se trouve et savoir que notre survie ne sera pas mise en péril à tout instant. Malheureusement, plusieurs connaissent la peur et l'insécurité.

Aujourd'hui, je sais qu'il me faut une forme de stabilité et de sécurité affective. Sans cette base, je pourrai difficilement évoluer. Je cherche donc à former un contexte de stabilité et de sécurité affective, spirituelle et matérielle afin de grandir.

Le pouvoir de mes décisions

«J'ai compris le pouvoir que portent en elles mes décisions. Je décide d'agir ou de ne rien faire, d'être ou de n'être pas. C'est la décision qui mène le monde. Le pouvoir de la décision sera toujours supérieur aux conditions matérielles de l'existence. J'ai parfois eu l'impression qu'il me fallait subir une situation. Mais, avec le temps, je me suis aperçu que je suis l'auteur de ma vie. C'est moi qui décide. Mes décisions sont extrêmement puissantes. Grâce à ce pouvoir de décision, je peux tout transformer, tout bâtir ou tout démolir. »

— Collectif
Le bonheur - Un jour à la fois

Aujourd'hui, je décide et je me rends compte que le contexte dans lequel j'évolue résulte de décisions que j'ai prises dans le passé. Lorsque je veux effectuer un changement, je prends conscience des décisions prises dans le passé et, à partir de là, je forge une nouvelle décision.

LA RÉALITÉ

«À chaque fois que je ferme la porte à la réalité, elle passe par la fenêtre.»

— ASHLEIGH BRILLIANT

Il existe deux types de réalité: la réalité intérieure propre à chacun et la réalité extérieure faite du monde matériel et des autres. On doit prendre en compte ces deux formes de réalités. Lorsqu'on tente de fuir sa propre réalité, elle trouve diverses façons de se manifester. Et lorsqu'on tente de fuir la réalité extérieure, elle nous pourchasse jusqu'à nous retrouver.

Aujourd'hui, je sais que je ne peux pas fuir la réalité. J'ai ma réalité intérieure que je ne peux nier et je dois tenir compte de la réalité extérieure à laquelle j'appartiens également.

FINI DE BLÂMER L'AUTRE!

Nous sommes souvent l'auteur de notre propre malheur. Il est facile de tenir l'autre responsable de nos maux. En période de malentendu ou de chagrin, on peut croire que l'autre est responsable de notre malheur. La proximité et l'intimité des relations intimes facilitent ce transfert de responsabilité.

Un tel transfert de responsabilité est erroné et entraîne seulement la culpabilité et les ruptures de communication. En réalité, nous sommes totalement responsables de ce qui nous advient.

Aujourd'hui, je cesse de blâmer les autres pour mes malheurs et mes difficultés. Je suis responsable de tout ce qui se passe dans ma vie.

10 avril

Le progrès graduel

«On gagne une victoire, non pas en termes de kilomètres mais de centimètres. On gagne un peu de terrain, on s'y tient et on gagne un peu plus éventuellement.»

— Louis L'Amour

On croit généralement que les grands accomplissements exigent des actions grandioses, d'énormes ressources et une persévérance sans faille. En réalité, les grands accomplissements demandent un travail soutenu sur une longue période ainsi que la faculté d'apercevoir clairement les résultats auxquels on souhaite parvenir.

Lorsqu'on vit un deuil profond, un jour sans douleur et sans remords est un accomplissement en soi.

Aujourd'hui, je sais que la victoire se remporte peu à peu.

11 AVRIL

OSER

«Ce n'est pas parce que les choses sont difficiles que nous n'osons pas. C'est parce que nous n'osons pas qu'elles sont difficiles.»

— SÉNÈQUE

On a beau savoir qu'il est nécessaire d'agir, à remettre constamment la décision, on rend l'action plus difficile encore. L'obstacle à l'action devient de plus en plus élevé et l'objectif paraît, en proportion, de moins en moins accessible.

Aujourd'hui, je passe à l'action!

OSER RÊVER

«Si vous êtes capables de le rêver, vous êtes capables de le faire.»

— WALT DISNEY

Rêver, c'est imaginer un avenir meilleur. Rêver, c'est voir nos désirs prendre une forme matérielle et concrète. Rêver, c'est croire que les possibilités sont plus grandes que la réalité qui prévaut. Et, lorsqu'on cesse de rêver, on cesse de vivre et de se projeter vers l'avant.

Aujourd'hui, j'ose rêver!

13 AVRIL

J'AIME QUI JE SUIS

«Lorsque l'on s'aime réellement, que l'on s'approuve et que l'on s'accepte tel que l'on est, alors tout fonctionne dans la vie. C'est comme si de petits miracles surgissaient de partout.»

— LOUISE HAY

On peut se dire "J'aime qui je suis et la personne que je suis en voie de devenir. Je possède tous les talents et les attributs nécessaires afin de réussir. Je mérite de réussir car je suis une personne valable qui cherche à faire le bien. Je me félicite d'être la personne merveilleuse que je suis."

On peut s'éloigner des ennemis de notre amour-propre. Ces ennemis sont divers et prennent des formes variées: des commentaires dévalorisants, des êtres qui sèment la confusion et le doute quant à notre intégrité personnelle et qui favorisent des relations fondées sur la dépendance. Pour renforcer notre amour-propre, on doit se donner des outils: le travail, la communication, l'exercice physique et mental, l'accueil de nos sentiments, l'affirmation de nos besoins et l'établissement de bornes personnelles bien définies.

Aujourd'hui, j'éloigne les ennemis de l'amour-propre.

14 AVRIL

L'ESPOIR

«Si nous étions logiques, l'avenir nous semblerait plutôt sombre. Mais nous sommes davantage que des êtres logiques: nous sommes humains. Nous avons la foi, l'espoir et nous pouvons agir.»

— FRANÇOIS GARAGNON

La condition humaine en est une particulièrement étonnante. Nous voici investis d'un corps physique qui diffère peu, à vrai dire, de celui du singe. Nous sommes bien sûr des mammifères, mais nous sommes également beaucoup plus. Nous partageons des systèmes complexes de communication. Nous employons des moyens techniques très sophistiqués. Nous possédons des perceptions très raffinées et nous sommes en relation avec un univers spirituel et moral. Nous sommes en position privilégiée; nous possédons un lien indéniable avec le monde subtil de l'esprit et de la création. Nous devons absolument prendre conscience de ces merveilleux pouvoirs que nous détenons.

Aujourd'hui, je suis en contact avec ce merveilleux potentiel d'action. Je peux agir et grandir car je suis beaucoup plus qu'un simple corps physique.

15 AVRIL

L'AUTRE CÔTÉ DES NUAGES

«N'oublie pas que chaque nuage, si noir soit-il, a toujours une face ensoleillée, tournée vers le ciel.»

— W. WEBER

Lorsqu'on est aux prises avec un deuil, un échec ou la simple lutte pour la survie, on peut facilement oublier que chaque expérience a son côté positif. Ce qui ne nous tue pas, nous fait grandir. Et ce qui nous fait grandir, nous rend meilleurs. On grandit chaque jour et chaque expérience contribue à notre croissance.

Aujourd'hui, je vois le côté positif de chaque expérience.

J'AI DÉPASSÉ LE BESOIN DE SOUFFRANCE

«À présent, je me rends compte que j'ai dépassé le besoin de souffrir. J'ai réalisé que la souffrance n'a aucune valeur comme telle. J'associais la souffrance au changement et à la croissance spirituelle. Donc, lorsque je souffrais, je me disais que c'était normal et que je devais souffrir pour grandir et pour atteindre un plus haut niveau de conscience et de maturité. Mais la souffrance ne fait pas de moi une personne plus noble, plus spirituelle et plus authentique. La souffrance ne fait de moi qu'une femme qui souffre.»

— LOUISE H.

Il y a cependant un aspect pratique à la souffrance. Lorsqu'on souffre, il y a une cause à cette souffrance. Il y a quelque chose qui ne tourne pas rond dans notre vie. Alors, dans ces moments de tumulte émotionnel, nous devons en identifier les causes et effectuer les changements appropriés.

Aujourd'hui, je sais que je ne souffre pas en vain. Je compte sur mes souffrances pour apporter les changements qui s'imposent dans ma vie.

17 AVRIL

TRANSFORMER SON REGARD

«L'optimiste regarde la rose et ne voit pas les épines. Le pessimiste regarde les épines et ne voit pas la rose.»

— Maxime populaire arabe

Notre point de vue est déterminant dans le déroulement des choses. Si nous sommes persuadés que la vie est semée d'embûches et qu'il en sera toujours ainsi, nous aurons une vie difficile sans aucun doute. De la même façon, si nous sommes persuadés que les choses s'arrangeront éventuellement, nous finirons par retrouver notre équilibre et notre harmonie intérieure. C'est une question de point de vue et nos actions sont l'aboutissement de nos considérations.

Aujourd'hui, j'examine mes considérations. Je vois que mes considérations sont à l'origine de mes points de vue et de mes actions. En soupesant mes considérations, je pourrai conserver celles qui me sont utiles et rejeter celles qui minent ma paix intérieure.

ÊTRE SON PROPRE CONSEILLER

«Ne croyez rien, ô moines, simplement parce qu'on l'a dit... Ne croyez pas ce que vous dit votre maître simplement par respect pour lui. Mais si, après examen et analyse, vous jugez le principe bienfaisant, porteur de bonté et de bien-être pour l'ensemble des êtres vivants, alors croyez-y et faites-en votre guide.»

— BOUDDHA

Chacun a ses opinions et ses points de vue qui peuvent s'avérer dignes d'intérêt et porteurs de vérités. Mais nous devons nous rendre à l'évidence que nous devons former nos propres opinions pour et par nous-mêmes. Nous devons connaître nos propres expériences et examiner les faits par nous-mêmes afin d'en tirer des conclusions valables.

Aujourd'hui, je respecte l'opinion d'autrui mais je fonde mes décisions, mes valeurs et ma vie sur les vérités que j'ai moi-même expérimentées et testées.

VOULOIR

«Les gens qui veulent fortement une chose sont presque toujours bien servis par le hasard.»

— HONORÉ DE BALZAC

Le désir et l'intention émettent un signal très puissant à l'univers. Si nous désirons vraiment quelque chose et que nous avons l'intention de le réaliser, l'univers doit inévitablement se plier à notre demande. L'univers est ainsi fait. Il se plie et se moule au gré de nos intentions fondamentales.

Aujourd'hui, je sais sans l'ombre d'un doute que j'atteindrai mon objectif.

CERNER LA BEAUTÉ

«Lorsque nous sommes bouleversées ou blessées pour une raison quelconque et que notre esprit s'obstine à en déceler la cause, nous avons intérêt à axer nos pensées sur quelque chose de beau. Nous devons alors faire preuve de discipline et changer l'axe de notre pensée.»

— SUE PATTON THOELE

Il existe une forme d'équilibre dans la beauté. On peut ressentir cet équilibre en regardant un paysage pittoresque, en contemplant une fleur ou un oiseau coloré, en écoutant une mélodie gracieuse. La contemplation de la beauté environnante nous ressource et nous inspire, nous calme et nous donne espoir.

Aujourd'hui, je regarde autour de moi et j'admire la beauté qui règne dans mon jardin.

TOUS CES PETITS PLAISIRS

«Trop de gens ont des idées préconçues concernant leur façon de vivre. En réalité, ils passent à côté de toutes les petites choses qui rendent la vie si agréable.»

— CHRISTIANE DUFRESNE

Nous pouvons espérer obtenir l'emploi de nos rêves, la demeure tant souhaitée, la fortune ou la chirurgie esthétique nous donnant l'aspect physique convoitée. Ou alors, nous pouvons vivre aujourd'hui et tirer plaisir des êtres et des choses qui nous entourent en ce moment. Le fait d'être ici présent et d'apprécier les belles choses que la vie nous a apportées ne nous empêche pas de rêver et d'imaginer une vie meilleure. Cependant, si nous aimons la vie à chaque instant, le voyage vers l'amélioration n'est plus une corvée mais un autre plaisir que nous savourons en chemin.

Aujourd'hui, je peux me réjouir de ce qui existe au moment présent.

JE SUIS VENU ICI POUR AIMER ET APPRENDRE

«J'ai le profond sentiment d'être venu ici pour aimer et apprendre. Voilà l'essence même de ma mission. Je sais que je peux accomplir cette mission fondamentale de bien des façons.»

— ED ARIAL

Chaque jour, nous devons avoir l'esprit ouvert afin de tirer de nouvelles leçons et d'augmenter notre bagage de savoir et notre niveau de conscience. Nous pouvons partager nos connaissances en nous mettant au service des autres. Nous pouvons contribuer au bien-être et au bonheur des gens qui nous entourent. Sans pour autant se donner la mission d'un saint, il ne faut jamais perdre de vue qu'il nous est possible d'aimer et d'apprendre à tout instant.

Aujourd'hui, je sais que ma vie a un sens. Ce sens émane de ma mission qui consiste à aimer et apprendre tous les jours.

MON INDIVIDUALITÉ

«Je suis un être spirituel complet, autonome et autodéterminé; je peux donc également affirmer ceci: je suis tout à fait différent des autres êtres. Je suis profondément individuel; je possède un savoir inné, profond, qui est incontestable et infaillible; je possède des qualités qui me sont propres; j'ai une mission bien particulière en tant qu'être.»

— JACQUES P.

Aujourd'hui, je reconnais et j'accepte ma profonde individualité.

ACCOMPLIR DE GRANDES CHOSES

«Il faut beaucoup de naïveté pour faire de grandes choses.»

— R. CREVEL

En vieillissant, on peut facilement se laisser convraincre qu'on ne peut pas changer grand-chose dans le monde actuel. Pas surprenant car on côtoie l'indifférence et l'apathie tous les jours. On entend davantage parler des échecs et des événements tragiques que des accomplissements héroïques. Mais à chaque jour, des petits miracles sont accomplis. Certains individus et certains groupes réussissent à surmonter toutes les épreuves et à créer quelque chose de bien.

Aujourd'hui, je sais que je peux faire quelque chose de bien et contribuer à un monde meilleur

25 AVRIL

LA CONSCIENCE

Le corps physique est appelé à périr, mais l'être spirituel persiste et n'est lié au corps physique que pour une très brève période. Ce principe ne nous sera peut-être jamais confirmé par les sciences empiriques mais, en mon cœur, je sais que mon esprit dépasse les frontières de mon corps. Alors, si je ne suis pas ce corps physique et ce nom que je porte, qui suis-je? Je suis un être lumineux, grand et infiniment bon.

Le corps est le véhicule que j'emprunte pour faire un petit bout de chemin. Le corps n'est qu'un vaisseau qui me transporte à travers cette expérience qu'est la vie terrestre. Les perceptions du corps (la vue, l'ouïe, l'odorat, le toucher, les émotions, etc.) sont partielles et partiales et ne livrent qu'une petite partie de la réalité. Pour appréhender et connaître vraiment les choses et les êtres, je dois ouvrir mon cœur et affiner mes perceptions d'être spirituel. Aujourd'hui, j'accorde beaucoup moins d'importance au vieillissement et à la mort de mon corps physique car je sais que ce n'est pas une fin, mais un recommencement.

Aujourd'hui, j'ouvre mes yeux, mon cœur et mon esprit. Aujourd'hui, je reconnais que la conscience est divine.

26 AVRIL

L'ESSENTIEL

Au long de notre quête du bonheur, il se trouve des compromis que l'on peut accepter et d'autres que l'on doit écarter. Il s'agit de voir ce qu'on est prêt à accepter tout en ne renonçant pas à la satisfaction de nos besoins. Parfois, une occasion se présente et il nous est loisible de voir qu'elle ne cadre pas avec nos attentes. Cependant, en analysant de plus près, on se rend compte que cet élément servirait à satisfaire assez bien nos besoins. Aussi, on ne doit pas rejeter entièrement une réponse qui ne correspond pas entièrement à l'image qu'on s'était fabriquée.

La vie n'est pas une série de compromis, mais plutôt l'alignement de solutions utiles qui mènent à un tout satisfaisant.

Aujourd'hui, j'accepte les solutions utiles en sachant que chaque élément contribue à mon bonheur.

L'ACTION VERTUEUSE

«J'ai appris ceci: nos actes en soi ne sont pas erronés, mais ce que nous devenons résulte de ceux-ci.»

— OSCAR WILDE

Il y a dans les attitudes et les comportements vertueux une logique supérieure, un chemin qui mène directement vers la sérénité, la liberté et la réussite. Mais en cours de route, nous avons oublié ou perdu de vue la valeur inhérente aux vertus. Nous avons vu dans la bonté, la bienveillance, la compassion et la galanterie, quelque chose de dépassé ou d'archaïque qui ne correspond plus à la vie moderne. Mais les vertus ne seront jamais dépassées, car elles indiquent la voie du salut, de la divinité et du succès. Les attitudes et les comportements vertueux sont autant de manifestations palpables de l'être véritable, autour duquel ils semblent créer une aura de lumière resplendissante.

Aujourd'hui, je vois l'importance de l'action vertueuse pour ma croissance personnelle.

28 AVRIL

FAIRE UNE CHOSE À LA FOIS

«Je me suis rendu compte qu'il vaut mieux faire une chose à la fois que de s'engager dans plusieurs activités de façon simultanée. Lorsqu'on démarre sa propre entreprise, on peut rapidement être débordé par de nombreuses tâches. Mais la qualité première du bon entrepreneur est d'établir ses priorités et de bien faire une chose à la fois. Pour bien faire les choses, il faut être attentif et présent. On doit centrer son attention et son énergie sur la tâche en question. Alors, on doit faire une chose à la fois.»

— MARC ALAIN

Aujourd'hui, je ferai une chose à la fois. En faisant une chose à la fois, je pourrai être attentif et présent à chaque action.

LE VIEUX RENARD

«Le jeune loup a des crocs pour se défendre. Le vieux renard a la ruse pour ne pas être pris.»
— FRANÇOIS GARAGNON

Lorsqu'on est jeune, on peut se relever plus facilement des épreuves de la vie. Les échecs sont beaucoup plus difficiles à essuyer lorsqu'on a atteint l'âge mûr. Par contre, les années d'expérience nous donnent un avantage important; nous comprenons mieux les règles du jeu et nous pouvons mieux prévoir les coups.

Aujourd'hui, je me fie à l'expérience et à la sagesse accumulées au fil des années pour prévoir les coups.

30 AVRIL

NOS SENTIMENTS

On peut accueillir nos sentiments. Car les sentiments auxquels nous résistons finissent par s'exprimer d'une façon ou d'une autre. Nous pouvons laisser nos sentiments émerger à la surface et par la suite nous pouvons les exprimer de façon positive et constructive. Dans "émotion", il y a le mot "motion". Lorsque nous tentons de freiner ou d'arrêter le mouvement naturel de nos émotions, nous emprisonnons cette énergie à l'intérieur de nous.

Aujourd'hui, je laisse mes sentiments monter à la surface et je me permets de les exprimer de façon positive et constructive.

Bâtir son avenir

«On ne subit pas l'avenir, on le fait.»
— G. Bernanos

On peut se voir comme l'architecte de sa vie ou comme une victime du hasard. Personne ne peut prédire en quel sens nous allons évoluer car notre vie est une expérience créative que l'on façonne au fur et à mesure. Les expériences que l'on traverse, les conclusions que l'on en tire et les considérations qui en découlent seront déterminantes. En dépit de ce que les voyantes et les astrologues peuvent vous annoncer, les jeux ne sont pas faits. Il n'est d'autre destin que celui que l'on se trace soi-même.

Aujourd'hui, je vois que je suis l'auteur de mon destin. C'est moi seul qui décide.

2 MAI

L'ATTITUDE DU GAGNANT

Il est nécessaire d'acquérir l'attitude du gagnant. En adoptant une attitude positive qui favorise la réussite, on peut entreprendre avec vigueur et ténacité tous les projets. Le gagnant veut gagner. Le gagnant sait qu'à la longue, avec le travail et l'entraînement, il finira par gagner. L'échec n'existe pas pour lui. Il peut perdre une partie mais cela lui permettra d'apprendre et de devenir plus sage et plus habile. Le gagnant utilise toutes les leçons qu'il a apprises pour pouvoir gagner.

Aujourd'hui, j'adopte l'attitude du gagnant. Je sais que je serai vainqueur et que mes efforts seront éventuellement récompensés. Je regarde droit devant et je fonce. J'utilise mon inspiration et tous mes talents afin de réussir.

VOLER DE SES PROPRES AILES

«Je prends plaisir à voler de mes propres ailes. J'ai toujours su que, pour être réellement libre et heureux, je devais être autonome et autosuffisant. J'ai parfois craint de ne pouvoir suffire seul à mes besoins mais à présent, je sais que nulle autre personne sur terre ne peut m'appuyer et m'aimer autant que moi.»

«J'ai toujours su qu'en travaillant je pouvais préserver mon indépendance et ma dignité. Je n'attends pas qu'on me dise quoi faire et quoi ne pas faire. Je suis une personne compétente et productive. En travaillant, je m'actualise!»

— COLLECTIF
Réussir - Un jour à la fois

Aujourd'hui, je prends plaisir à voler de mes propres ailes. Je sais que je peux être libre seulement si je suis autosuffisant et autodéterminé.

4 mai

Lentement mais sûrement

«Ne crains pas d'avancer lentement, crains seulement de t'arrêter.»

— Proverbe chinois

Les plus grandes victoires sont acquises à force de patience et de persévérance. On avance un pas à la fois et on accumule les petites victoires en cours de route. Les grands accomplissements nécessitent un travail de longue haleine, alimenté par la certitude qu'un jour, on atteindra finalement son objectif. Dans notre société axée sur le crédit et la consommation rapide, on oublie hélas! que les plus grandes victoires sont le fruit d'efforts continus sur une très longue période.

Aujourd'hui, je sais que les grandes victoires sont acquises à force de patience et de persévérance.

5 MAI

LA MAGIE DU SILENCE

Une forme de magie imprègne le silence, l'absence de bruits et de sons. Le silence est vivant et actif. Le silence est un espace qui laisse apparaître ce qui est possible, ce qui ne se manifeste pas dans la cacophonie de tous les jours. Notre cœur et notre âme cherchent le silence pour pouvoir se manifester, pour pouvoir nous parler. Dans les moments de tranquillité et de silence, lorsque nous retrouvons notre calme et notre courage, nous avons parfois l'impression de nous dilater et de prendre de l'expansion.

Aujourd'hui, je me réserve quelques moments de silence. Durant ces moments, je serai calme et attentif à moi-même. Durant ces moment de silence, je peux me rapprocher de Dieu.

MARCHER ET PENSER

«Il faut marcher et penser, et non pas s'asseoir et penser.»

— Maxime arménienne

La vie moderne peut être très sédentaire. Pour la première fois de l'histoire, l'homme peut vivre une vie entièrement sédentaire. L'automobile, les escaliers mécaniques, les ascenseurs, les métros et autres moyens de locomotion lui permettent de se déplacer d'un endroit à l'autre en restant assis. Mais l'esprit est aussi le maître du corps. Lorsque l'esprit commande, le corps doit nécessairement suivre. Cette relation corps et âme en est une fine, remplie de subtilité et de récompenses. Lorsqu'on marche, quelque chose s'opère entre le corps et l'esprit: une forme de synergie créatrice.

Aujourd'hui, je fais une promenade car dans la promenade il y a une forme de magie.

7 MAI

LES FRONTIÈRES DE L'ÂME

«Il existe une distance, un espace, entre toi et moi. Je suis moi et tu es toi. Je suis un être complet, distinct et autonome. Tu es un être complet, distinct et autonome. J'ai mes points de vue, mes opinions, mes désirs et mes propres réalités qui sont différents des tiens. J'ai le droit d'être qui je suis, d'avoir mes propres pensées et de vivre mes propres émotions et tu as les mêmes droits. Je respecte ton droit à l'individualité et je te demanderai de respecter le mien. Tu possèdes un savoir profond et moi aussi.»

— MARC ALAIN

L'amour et le partage se réalisent seulement dans le respect des frontières de l'autre et dans l'affirmation de nos propres frontières. Chaque personne construit autour d'elle un espace sécurisant qui lui permet de vivre paisiblement sans crainte et sans confusion.

Aujourd'hui, je fais la différence entre ce qui est moi et ce qui est toi. Je respecte ton espace et ton individualité, et j'exige la même chose de ta part.

La sécurité financière

«Ma mère a toujours été autonome. Elle a toujours travaillé et s'est toujours acquittée de ses responsabilités avec ponctualité et honneur. Étant une femme d'affaires, elle a collaboré étroitement avec les banques pour financer ses opérations commerciales. Mais elle a toujours su que le banquier est quelqu'un qui vous prête un parapluie lorsqu'il fait beau et vous le retire lorsqu'il se met à pleuvoir.»

— Maryse P.

Chacun doit se rendre compte qu'il est l'ultime responsable de sa sécurité financière. Évidemment, les gouvernements sont là pour dépanner mais qui veut vivre au crochet de la société? Pour asseoir sa sécurité financière, on doit travailler, économiser et élaborer un portefeuille d'investissements diversifiés. La sécurité financière et l'autonomie personnelle vont de pair. Comment pouvons-nous être libres, heureux et autonomes sans une base stable de revenus pour assurer notre subsistance et la matérialisation de nos objectifs?

Aujourd'hui, je prends mes finances en main afin d'asseoir ma sécurité financière.

9 MAI

LES RELATIONS HUMAINES

«Il n'est qu'un luxe véritable, c'est celui des relations humaines.»

— ANTOINE DE SAINT-EXUPÉRY

Il n'y a qu'une chose qui vaut vraiment la peine en ce monde et ce sont les relations humaines. On peut accumuler des biens matériels sans limites, être président d'une grande entreprise ou occuper la chaire la plus prestigieuse qui soit, mais sans relations humaines satisfaisantes, la vie n'a aucun sens. La plus grande récompense sera de pouvoir dire à la fin de nos jours que nous avons contribué au bonheur d'autrui au cours de notre séjour sur terre.

Aujourd'hui, j'investis dans les relations humaines. Je vois qu'elles constituent la plus grande richesse de ma vie.

10 MAI

LA MAISON SPIRITUELLE

«Le monde naturel est une maison spirituelle... L'homme avance à travers une forêt d'objets physiques qui sont également des objets spirituels, qui jettent sur lui un regard bienveillant.»

— CHARLES BAUDELAIRE

Aujourd'hui, je prendrai le temps d'aller marcher dans la forêt afin d'être parmi les choses vivantes et de retourner aux sources.

11 MAI

LES BLESSURES QUI M'ONT ÉTÉ INFLIGÉES

Il est très facile de se laisser emporter par la haine lorsqu'on a subi un tort. Mais la haine est un sentiment néfaste qui ne mène à rien. Alors, nous devons former en nous un contexte favorable au pardon, à la compassion et à la grandeur.

Aujourd'hui, je sais que je peux passer l'éponge et pardonner les blessures qui m'ont été infligées. En pardonnant, je me libère de l'emprise de la rancune et de la haine. Je ne peux peut-être pas oublier; cependant, je peux laisser s'échapper la colère et la rancune en me disant que ce qui est fait est fait. Je peux utiliser ces expériences pour me guider dans mes rapports futurs. En fin de compte, je suis ici pour apprendre.

LA GRANDEUR DE L'ÊTRE

Il ne suffit pas d'assumer la responsabilité des choses qui nous concernent directement; on doit accepter d'être responsable du monde dans lequel nous évoluons. Déjà, en assurant notre propre survie, en agissant de façon convenable avec les gens qui nous entourent et en misant sur notre croissance personnelle, nous sommes sur la bonne voie. Mais au fur et à mesure que nous progressons et que nous grandissons, nous devons élargir la sphère de notre responsabilité. Nous sommes les cocréateurs de nos communautés, de nos villes, de notre société et de notre planète. Il est tout à fait faux et dangereux de croire que nos actions, notre attitude, n'ont pas d'influence sur les autres et sur la manière dont la vie évolue en société. Tout ce qui existe nous concerne directement ou indirectement.

Aujourd'hui, j'accepte une plus grande part de responsabilité sur le monde dans lequel je vis et j'agis de façon à contribuer au bien-être général.

L'AFFIRMATION DE SOI

Bien qu'il soit important d'être gentil et courtois dans tous nos rapports avec les autres, on ne peut nier l'importance de l'affirmation de soi. Lorsqu'on s'affirme, on apprend aux autres à nous respecter. S'affirmer, c'est exiger qu'on respecte nos droits et nos désirs. S'affirmer, c'est faire valoir notre point de vue, nos besoins et nos exigences. Si nous ne nous affirmons pas, comment serons-nous heureux? Nous serions contraints à nous plier sans cesse aux exigences et à la volonté des autres.

Aujourd'hui, je m'affirme.

La prière

«Nous ne pouvons pas aborder la prière ainsi que nous le faisons de toute chose en cette société de l'instantané et de l'automatisation. Il n'existe pas de prière en pilules et d'éveil en comprimés.»

— Janie Gustafson

La prière, considérée dans son sens le plus élémentaire, est une communication avec l'au-delà et l'Être suprême. Malgré l'affaiblissement des religions organisées en Occident, la majorité des gens continue de croire en Dieu. Il est aussi surprenant de constater que nombreux sont ceux qui se tournent vers la prière, vers un désir de rapprochement avec l'Être suprême, lorsqu'ils sont en détresse émotive.

Mais il n'est pas nécessaire d'attendre que notre monde tombe en ruine avant d'établir un rapport plus étroit avec l'Être suprême. Cet exercice peut s'avérer très bénéfique même lorsque les chose vont bien.

Aujourd'hui je prie. Je prie pour établir un contact avec l'Être suprême. Je prie pour dire merci et je prie pour demander pardon. Je prie pour voir plus clairement et pour dire la vérité. Je prie pour les gens que j'aime et pour être plus courageux.

15 MAI

LE SENTIMENT D'IMPUISSANCE

«On commence à vieillir le jour où, pour la première fois, on se sent envahi par un sentiment d'impuissance qui neutralise toute idée de défi.»

— FRANÇOIS GARAGNON

Le vieillissement est certes un phénomène physique mais il est surtout un phénomène mental. On est vieux lorsqu'on se sent vieux. Parfois, on rencontre des gens qui sont physiquement jeunes mais qui sont fort aguerris sur le plan émotionnel. Quelquefois, on rencontre des personnes d'âge mûr qui sont très jeunes de cœur. En étant conscient de la relation entre le corps et l'esprit, on pourrait dire que les gens qui sont mentalement vieux accélèrent sûrement leur processus de vieillissement physique, alors que les gens qui sont mentalement jeunes doivent bénéficier d'un ralentissement du vieillissement physique. La solution réside dans notre capacité de cultiver des attitudes et des comportements qui engendrent la fraîcheur, l'optimisme et l'action.

Aujourd'hui, je sais que l'âge mental et l'âge physique sont deux choses distinctes. Je peux rester jeune en cultivant des attitudes mentales positives.

16 MAI

LA SANTÉ ET LE BIEN-ÊTRE

De plus en plus, on se rend compte que la santé et le bien-être sont directement liés aux émotions et aux attitudes. Certains diront même que la majorité des maladies et des malaises physiologiques sont de nature psychosomatique, qu'il existe un rapport étroit entre notre état d'esprit et notre santé physique. Nous savons que nous sommes responsables de notre santé et de notre bien-être et que, lorsque nous sommes pris au piège de la maladie, la vie devient une corvée épouvantable.

Aujourd'hui, je travaille afin de préserver et de renforcer ma santé. Déjà, en me donnant une alimentation saine, en dormant et en me reposant suffisamment, en faisant de l'exercice physique, je peux éloigner la maladie, car cette attitude de soins, d'amour de soi et de vigilance porte en elle même la santé et le bien-être.

UN MONDE DE SOUFFRANCE

«Bien que la souffrance soit répandue en ce bas monde, on rencontre partout des gens qui l'ont surmontée.»

— HELEN KELLER

Au premier abord, la majorité des gens nous diront qu'ils sont heureux ou assez heureux. Mais lorsqu'on gratte un peu la surface, on voit que ces gens voudraient bien changer certains aspects importants de leurs vies. Au fond d'eux-mêmes, quelque chose manque et ce quelque chose constitue une source d'insatisfaction, voire de souffrance. Il existe une zone de leur vie qui recèle de nombreux doutes et problèmes qui contribuent à rendre leur existence beaucoup moins heureuse. Souvent, sans le savoir, ces personnes passent leur vie entière à tenter de résoudre les problèmes et la souffrance occasionnés par cette zone particulière. On peut penser à celui qui ne réussit pas à fonder des relations durables, à celle qui a des problèmes de santé perpétuels, ou encore à cet autre qui ne parvient jamais à surmonter ses problèmes financiers.

Aujourd'hui, je comprends que chacun à ses ennuis et sa propre souffrance. Je sais qu'éventuellement je serai en mesure d'identifier et d'éliminer la source principale de mes problèmes.

18 MAI

AVEC LE TEMPS

«Au début, les enfants aiment leurs parents; à mesure qu'ils vieillissent, ils les jugent; parfois ils leur pardonnent.»

— OSCAR WILDE

On dit que le temps finit par guérir tous les maux. On constate également que nos relations évoluent avec le temps. Une relation humaine n'est pas chose statique. C'est plutôt une forme d'interaction dynamique qui change et se transforme au fil du temps et selon les expériences. Une relation peut traverser des périodes difficiles et d'autres plus faciles. On doit d'abord évaluer si la relation est fondamentalement valable et, le cas échéant, on doit choisir d'assumer les diverses phases d'évolution qu'elle nous présente au cours des ans.

Aujourd'hui, je sais que les relations humaines changent et se transforment au cours des années. Avec le temps, nous serons en mesure de résoudre la plupart de nos différends à condition qu'il s'agisse de relations qui soient fondamentalement bénéfiques.

19 MAI

L'INSPIRATION

«J'ai appris que l'inspiration ne se manifeste pas en un éclair, pas plus qu'il ne s'agit d'une force cinétique ou énergétique. Elle se manifeste à nous lentement, doucement mais sans arrêt, bien que nous devions chaque jour lui permettre de se manifester, l'amorcer avec un peu de solitude et d'oisiveté.»

— BRENDA UELAND

Lorsqu'on cherche à résoudre un problème ou à faire avancer un projet, on doit pouvoir établir un cadre favorable à l'inspiration et à la création. Nous sommes, en quelque sorte, des artistes qui cherchons notre prochaine inspiration afin de poursuivre notre œuvre. Ce n'est ni le stress ni la pression ou les obligations qui nous motivent mais plutôt le désir de créer quelque chose de bien, quelque chose de beau, quelque chose de durable.

Aujourd'hui, je sais que l'inspiration viendra.

LA NUIT PORTE CONSEIL

«Je cherchais la réponse à un problème de nature scientifique. Pendant quelques mois je m'étais penché sur cette question afin de résoudre l'énigme qui me tracassait. J'avais chaque jour ce problème à l'esprit. Au cours d'une nuit quelque peu mouvementée, j'ai trouvé la solution en rêve. Je me suis tout de suite réveillé, j'ai noté la solution sur un bout de papier et je me suis rendormi. Le lendemain, lorsque j'ai consulté le petit bout de papier de plus près, je me suis rendu compte que j'avais trouvé la solution à mon problème en rêvant.»

— JEAN-CHARLES S.

Lorsqu'on cherche à résoudre un problème, une bonne nuit de sommeil peut être fort utile afin de nous permettre de voir les choses plus clairement. Souvent, lorsqu'on est fatigué, un problème nous paraît insurmontable. Mais avec un peu de repos et le recul que le sommeil nous procure, on aborde le problème avec plus de clarté et de détachement.

Aujourd'hui, je sais que le sommeil porte conseil.

LA PATIENCE

«La patience est le courage de la vertu.»
— BERNARDIN DE SAINT-PIERRE

En cette ère de vitesse, il peut paraître anachronique de parler de patience. Et pourtant, il y aura toujours certaines choses qui demanderont du temps pour s'épanouir pleinement. L'atteinte de nos objectifs exigera un certain temps. Entre la mise en œuvre d'un projet et sa réalisation, il y aura toujours des étapes à franchir. Je dois être patient et chercher à ne pas brûler d'étape importante. Parfois, si nous sommes trop empressés d'atteindre notre but, nous pouvons commettre des erreurs coûteuses et mettre en péril le projet tout entier.

Aujourd'hui, je saisis l'importance de la patience sur mon chemin vers la réussite. Il ne s'agit pas d'attendre patiemment. Je dois être en action tous les jours. Je dois cependant consacrer le temps et l'effort nécessaires pour que mes objectifs puissent se réaliser.

CHAQUE INSTANT EST NOUVEAU

«En autant qu'il y a de la vie, il y a de l'espoir.»
— JOHN LENNON

Chaque instant apporte avec lui de nouvelles possibilités, une nouvelle fenêtre à travers laquelle on peut regarder. Comme les cellules de notre corps, nous nous renouvelons à chaque instant. Chacun peut se réinventer chaque jour. On peut considérer une situation sous un nouvel éclairage. On peut profiter de chaque instant et voir que la vie est en constante mutation.

Aujourd'hui, je vois que mon bonheur et mon succès sont fondés sur ma faculté d'adaptation et de changement. Je ne reste pas accroché à tel ou tel incident. Je me renouvelle chaque jour et je vois dans chaque instant une nouvelle possibilité, dans chaque respiration un nouvel espoir.

DONNER UN COUP DE MAIN

«Tant et aussi longtemps que vous abaissez quelqu'un, une part de vous doit se vautrer par terre afin de l'y maintenir; de sorte que vous êtes incapables de vous élever comme vous le feriez sinon.»

— MARION ANDERSON

Lorsqu'on rend service et qu'on aide autrui, on contribue à s'élever soi-même au-delà de la simple quête pour la survie. De la même façon, lorsqu'on refuse de porter secours à l'un de nos proches, on accentue nos propres difficultés.

Aujourd'hui, je constate que je ne grandis pas seul. Je ne pourrai pas m'élever alors que mes proches restent au ras des pâquerettes. Je suis en rapport étroit avec mon entourage.

L'AMOUR VRAI

«L'amour, le vrai, est une grâce à laquelle on n'atteint pas par l'effort. Il s'agit d'un cadeau de l'esprit, plutôt que la conséquence d'une démarche. Il ne s'agit pas d'un objectif à cibler, mais d'un trésor que l'on se voit confier. Aussi, lorsque l'amour apparaît spontanément, ne faites aucun effort et laissez-vous emporter! Lorsque vos relations intimes vous offriront des moments aussi grandioses qu'inattendus, ne cherchez pas à les analyser ou à les répéter; ouvrez votre cœur et laissez-le s'épanouir en une gerbe de lumière.»

— DAPHNE ROSE KINGMA

On voit que l'amour ne se commande pas. Une personne peut faire telle ou telle chose mais l'amour ne viendra pas pour cela. Les livres de recettes qui nous enseignent comment aimer et comment trouver et garder l'âme sœur ne nous disent pas toujours qu'on ne peut rien faire pour gagner l'amour de quelqu'un. L'amour se donne librement ou pas du tout. On ne peut pas contraindre quelqu'un à nous aimer. Et souvent, malgré tous nos efforts, on ne réussit pas à empêcher quelqu'un de nous aimer. On aime spontanément mais on peut faire en sorte de favoriser ou de détruire l'amour. À chacun de choisir.

Aujourd'hui, je comprends que l'amour ne se commande pas.

25 MAI

LE POUVOIR DE LA VÉRITÉ

«...aussi longtemps qu'il y aura une distinction entre ce qui devrait être et ce qui est, les conflits surviendront systématiquement, et toute source de conflit est un gaspillage d'énergie.»

— KRISHNAMURTI

Il existe une valeur sûre dans cet univers: le pouvoir de la vérité. La vérité cherche constamment à se manifester car elle est, en soi, la plus haute manifestation de la conscience et de la spiritualité. Mais ici-bas, sur terre, la vérité peut se faire très rare. L'être doit se montrer extrêmement tenace et vigilant pour déceler la vérité dans les choses et les événements. C'est comme si cet univers que l'on partage avait été fondé sur un énorme mensonge et que l'esprit devait, par son courage, son travail et son intelligence, se frayer un chemin vers la vérité.

Aujourd'hui, je me fraye un chemin vers la vérité.

LE CONTENTEMENT

«Le monde abonde en individus qui recherchent un bonheur spectaculaire et qui lèvent le nez sur le contentement.»

— DOUG LARSON

Dans notre quête incessante du bonheur, nous avons oublié que le bonheur complet n'existe peut-être pas à l'état pur. Et même si nous atteignons un très haut niveau de joie et de bonheur, ce dernier risque d'être perturbé à certains moments par les difficultés et les ennuis de la vie quotidienne. Il est tout à fait normal et souhaitable, cependant, de vouloir être heureux. On peut, sur le chemin du bonheur, accepter les récompenses d'un travail bien fait, les joies de rencontres stimulantes et la satisfaction de savoir qu'on a fait de son mieux. Cette prise de conscience ne constitue pas le bonheur parfait mais plutôt des degrés variés de contentement et de satisfaction personnelle.

Aujourd'hui, même si je ne suis pas complètement heureux, je peux voir que ma vie compte des sources de joie et de satisfaction.

TRANSFORMÉ PAR L'AMOUR

«Quand nous aimons une personne, nous lui permettons d'avoir un impact sur nous, de nous toucher, de nous encourager dans un sens ou dans l'autre. Nous changeons notre garde-robe et notre coiffure. Nous voyageons. Nous renonçons à nos mauvaises habitudes. Nous faisons des choses que nous avions peur de faire avant. Et nous ne faisons pas toutes ces choses parce que l'autre nous le demande ou l'exige, mais parce que, par sa présence, par son exemple, nous nous sentons naturellement enclins à changer. En fait, nous changeons souvent sans trop nous en rendre compte.»

— DAPHNE ROSE KINGMA

Le couple offre un cadre dynamique de croissance et de transformation. Le couple requiert une capacité naturelle d'adaptation. Ce n'est pas que nous devons nous contraindre à changer et à faire des compromis. C'est que dans l'intérêt de la vie à deux nous faisons des choix qui viennent promouvoir l'harmonie au sein du couple. Les choix que nous faisons, petits et grands, tous les jours, viennent renforcer nos liens avec l'être cher.

Aujourd'hui, je sais que le couple offre un cadre dynamique en mutation. Et je sais que je suis doté d'une grande capacité d'amour et d'adaptation.

28 mai

Nos idées préconçues

Nos idées préconçues servent de barrières réelles à notre développement. On doit pouvoir identifier ces barrières pour être en mesure de les surmonter. Il nous semble que ces barrières existent à l'extérieur de nous, mais en réalité, elles font partie de nos perceptions et viennent limiter nos possibilités de succès. Certaines idées préconçues font référence à nos propres capacités. Ces barrières sont les plus redoutables car elles limitent notre faculté d'agir et de réussir. Tout au long de notre cheminement, nous devons examiner les idées, les attitudes et les perceptions qui gênent notre progrès. C'est seulement lorsque nous pouvons identifier clairement nos barrières personnelles, que nous pouvons nous frayer un chemin vers la réussite et le bonheur.

Aujourd'hui, j'examine les idées préconçues qui gênent mon développement personnel.

29 MAI

SE SURPASSER

«Pour certains, les contrariétés sont un prétexte au découragement. Pour d'autres, c'est une incitation à se surpasser.»

— FRANÇOIS GARAGNON

La vie nous offre une série de défis et de barrières. Ce ne sont pas les barrières qui déterminent la qualité de notre vie, mais notre attitude face à elles. Nous devons surmonter ces barrières et relever ces défis si nous voulons réussir et être heureux. Par exemple, nous pouvons être accablés de problèmes financiers. Voilà une barrière que nous pouvons et devons surmonter. Cette barrière existe à la fois à l'extérieur de nous et à l'intérieur de nous. Les difficultés financières trouvent leurs formes dans le monde matériel et à l'intérieur de nous sous la forme de nos limites. Les barrières ne sont pas des murs ou des prisons, elles sont des obstacles sur le chemin du bonheur que nous décidons ou non de surmonter.

Aujourd'hui, je sais que je peux surmonter tous les défis et toutes les barrières dressées sur mon chemin.

CONFESSION

«Pour celui qui se confesse, l'imposture est terminée et la réalité se concrétise; il a extériorisé sa faute. S'il ne parvient pas à s'en défaire, du moins il ne peut plus la camoufler derrière la démonstration hypocrite de sa vertu.»

— WILLIAM JAMES

Lorsqu'on a commis une faute ou fait du tort à autrui, on le sait. On porte les torts qu'on a causés un peu comme un fardeau qui ralentit notre progrès et qui gêne nos mouvements. Les religions organisées ont trouvé des mécanismes, comme la confession chez les chrétiens, pour aider les gens à se libérer de leurs transgressions, de la culpabilité et des remords qu'elles engendrent chez celui qui les a commis. Indépendamment du fait que nous soyons ou non croyants, nous devons trouver une façon d'admettre nos torts et d'en assumer la responsabilité.

Aujourd'hui, je fais face à la musique. J'admets les torts que j'ai commis et j'en prends la responsabilité.

31 MAI

ÊTRE À L'ÉCOUTE DE SOI

«Si vous n'exprimez pas vos propres idées, si vous n'écoutez pas votre voix intérieure, alors vous vous serez trahis.»

— ROLLO MAY

Chaque personne a quelque chose à apporter à ce monde. Chacune a la responsabilité d'exprimer son propre potentiel et de matérialiser ses idées et ses rêves. En exprimant ce potentiel et en réalisant ces rêves, on est fidèle à soi-même.

Aujourd'hui, je vois que je suis ici pour me réaliser pleinement.

1er JUIN

LE TEMPS PRÉSENT

«Ne t'attache pas trop à ce qui a été. Ne t'attache pas trop à ce qui pourrait devenir. Les souvenirs et les espoirs ne font pas la réalité présente. Attache-toi surtout à ce qui est.»

— FRANÇOIS GARAGNON

Les souvenirs appartiennent au passé. Les espoirs concernant l'avenir participent à la réalité que nous pouvons ou que nous voulons anticiper. Les souvenirs et les espoirs ont leur réalité. Ils existent en nous. Ils font partie de notre paysage intérieur. Les souvenirs et les espoirs n'ont aucune forme matérielle dans le présent. Le moment présent est constitué par ce qui ce passe autour de moi et en moi à cet instant. C'est la source de l'expérience. L'expérience est vivante et créative car elle me met en rapport avec ce qui est là aujourd'hui et maintenant.

Aujourd'hui, je suis réceptif à ce qui est.

2 JUIN

LE TRAJET

«Une relation est un processus, pas une destination. C'est un environnement interpersonnel sacré pour l'évolution de deux âmes, une expérience de l'évolution de votre conscience individuelle en présence d'un autre être humain, dont la conscience évolue également.»

— DAPHNE ROSE KINGMA

Une relation de couple n'est pas un état statique. Le couple est une entreprise dynamique qui implique la participation active de deux êtres. Le couple peut évoluer lorsque deux personnes qui s'aiment et se respectent acceptent de communiquer et d'établir des buts communs. Elles acceptent de parcourir un chemin ensemble vers la réalisation de ces objectifs communs. Et, sur leur parcours, elles acceptent de s'appuyer l'une l'autre. Lorsqu'on entretient l'idée que le mariage ou le couple est une fin en soi, on est mal préparé pour faire face aux problèmes et aux barrières qui surgiront tôt ou tard. En considèrant le couple comme un processus, on accepte que le changement soit de la partie.

Aujourd'hui, je considère ma relation de couple comme un processus dynamique, axé sur la découverte de soi.

NOTRE DESTIN

«Il faut savoir épouser son destin. À cet infime moment où le rien peut devenir quelque chose.»
— FRANÇOIS GARAGNON

Plusieurs entretiennent une notion erronée, à savoir que pour obtenir quelque chose, on doit partir de quelque chose: par exemple, pour démarrer sa propre entreprise, il faut avoir un capital de départ; pour être heureux en couple, on doit avoir le bon partenaire; pour réussir sur le plan financier, on doit avoir un bon travail. Tout cela se résume à dire qu'avant d'avoir, il faut déjà avoir.

On peut cependant voir les choses différemment. On peut être et faire, et l'avoir suivra naturellement. Par exemple, on peut décider que l'on est un artiste et ensuite faire tout ce qu'un artiste doit faire. Éventuellement, l'avoir de l'artiste suivra. Ou encore, on peut dire que l'on est entrepreneur et ensuite faire ce qu'un entrepreneur doit faire, alors l'avoir suivra.

Aujourd'hui, je sais que l'avoir ne résulte pas de l'avoir. Avant d'avoir, je dois être et faire.

La poésie

«Les poètes sont des gens comme les autres, qui habitent au bout de la rue et font des choses simples, comme faire la lessive et brasser la soupe.»

— Naomi Shihab Nye

Il y a une poésie inhérente à la vie même. Le poète est en mesure de voir et de sentir la poésie inhérente à la vie. Il cerne la magie dans le mouvement et découvre le secret caché derrière les choses que l'on voit tous les jours. Le poète perçoit la poésie et il cherche à transformer les choses les plus banales en instruments poétiques.

Aujourd'hui, je ferai vibrer le poète en moi. Je peux avec mon regard de poète, transformer cette existence en la remplissant de couleurs, de mouvement et de musique.

5 JUIN

DEVENIR FLUIDE

«Nous sommes naturellement fluides et malléables. Mais les blessures, les échecs et les attitudes négatives nous rendent de plus en plus rigides. On doit tenter de se libérer des bagages que l'on transporte avec soi et qui nous rendent si matériels.»

— ANONYME

On entend parfois dire qu'en vieillissant les gens deviennent plus rigides. Chacun devrait décider de devenir plus fluide en prenant de l'âge. La vie exige énormément de fluidité. On doit pouvoir s'adapter en acquérant de nouvelles perceptions et de nouveaux comportements. Et on peut être fluide sans faire de compromis fondamentaux. En acceptant de voir la vie sous différents points de vue, en acceptant d'emprunter les perceptions de l'autre, on peut faire des choix plus éclairés. Il est impossible de vivre heureux en étant rigide et intransigeant. En étant rigide et fermé, on ne réussit qu'à s'isoler.

Aujourd'hui, je recherche ma nature fondamentale. Je retrouve mon agilité et ma fluidité naturelles.

6 JUIN

VOIR

«Quand j'étais jeune, on me disait: Vous verrez quand vous aurez cinquante ans. J'ai cinquante ans, et je n'ai rien vu.»

— ÉRIK SATIE

On peut s'interroger sur le sens profond de la vie. Chercher à comprendre pourquoi nous nous trouvons ici sur cette petite planète bleue qui se meut dans l'espace. On peut se creuser les méninges afin de savoir quel est le sens profond de la vie et de notre action durant cette vie. Ou on peut vivre pleinement un jour à la fois en agissant du mieux que l'on peut.

Aujourd'hui, je sais que je dois vivre pleinement jour après jour.

7 JUIN

LE DERNIER MOT

«Certains veulent toujours avoir le dernier mot. Je leur laisse!»

— FRANCINE BOIVIN

La vie est trop courte pour se disputer. Évidemment, des conflits et des malentendus peuvent survenir. Mais certains individus passent leur vie entière en lutte contre ceci ou cela. Ils ont peut-être quelque chose à prouver.

Aujourd'hui, je vois que la dispute et les conflits ne mènent à rien. Je ne suis pas ici pour être en lutte perpétuelle mais pour apprendre et pour créer. Je laisserai le dernier mot à ceux qui y tiennent mordicus.

8 JUIN

RÉCOLTER CE QUE L'ON SÈME

«Si tu respectes les autres, ils te respecteront. De même si tu les méprises...»

— ALBERT LAROCHE

Nous connaissons tous des gens qui se font beaucoup de mal en se montrant discourtois et irrespectueux envers autrui. Lorsqu'on est cordial et respectueux, on s'attire le respect. Lorsqu'on est impoli et impatient avec les gens que l'on côtoie, on attire le conflit et la rancune. Le respect et la cordialité contribuent à faciliter les relations humaines.

Aujourd'hui, je sais que pour être respecté, je dois agir avec respect et dignité en toutes situations et avec tous ceux qui m'entourent.

Jour de répit

«Juste pour aujourd'hui, je ne ferai point de liste!»

— Gabrielle Courchesne

Au cours de cette quête incessante pour la réussite matérielle et la sécurité financière, on oublie parfois de relaxer et de s'accorder un répit. Il existe bien des façons de se détendre: aller au cinéma; faire une longue promenade; jouer à un jeu de société avec les enfants; prendre un bain chaud; lire un bon roman. Il s'agit de décrocher afin de se détendre et de s'amuser un peu.

Aujourd'hui, je prends le temps de me détendre et de m'amuser un peu. J'aime mon travail et j'accepte mes responsabilités mais je peux également me bichonner.

10 JUIN

LA PLUS GRANDE RÉCOMPENSE

«Dites aux gens à quel point vous vous sentez bien lorsqu'ils ont fait quelque chose correctement et comment cela aide à l'organisation et aux autres personnes qui travaillent avec eux.»

— KENNETH BLANCHARD ET SPENCER JOHNSON

La plus grande récompense d'un employé n'est pas son salaire, ses avantages sociaux ou le prestige qui accompagne son poste au sein de l'entreprise. La plus grande récompense vient de l'appréciation de ses collègues et supérieurs. Voilà ce qu'on oublie trop souvent: reconnaître de vive voix et sincèrement à quel point on apprécie les gens qui nous entourent et qui font partie de notre vie.

Aujourd'hui, je prends le temps de complimenter, d'apprécier et d'encourager ceux qui partagent ma vie.

11 JUIN

CE QUE L'ON N'APPREND PAS SUR LES BANCS D'ÉCOLIERS

L'éducation est certes une chose précieuse qui contribue à la réussite. Toutefois, de nombreuses leçons ne s'apprennent pas sur les bancs d'écoliers, mais plutôt en vivant notre vie de tous les jours. Dans la vie, nous sommes confrontés à des exigences réelles. Nous devons apprendre à travailler en équipe tout en respectant les désirs et les attentes d'autrui. Il est essentiel que nous apprenions ces leçons de la vie si nous voulons connaître le bonheur.

Chaque jour nous offre la possibilité d'apprendre une nouvelle leçon. Lorsque nous demeurons ouverts aux leçons de la vie, nous la traversons avec optimisme et enthousiasme. La vie nous enseigne de nouvelles façons d'agir et de voir les choses. En demeurant ouvert à ces leçons, nous remplissons une mission fondamentale.

Aujourd'hui, je suis ouvert aux leçons de la vie.

PETITE PRIÈRE

Aujourd'hui, je demanderai à Dieu de guider mes pensées et mes actions. Aujourd'hui, je suis prêt à m'en remettre à Lui, à Sa volonté et à Sa bonté. Aujourd'hui, je cherche à être un instrument de Dieu et à répandre la bonté et la bienveillance autour de moi. Aujourd'hui, j'abandonnerai la lutte pour avoir raison et gagner à tout prix et je m'en remettrai à Dieu, à Sa grandeur et à Son amour de tous les êtres.

Aujourd'hui, je demanderai à Dieu de guider mes pensées et mes actions.

13 JUIN

CEUX QUI ME CONNAISSENT

«Tu as peut-être vieilli, pris du poids, grisonné... mais pour tes amis, tu es toujours celle qu'ils ont connue à l'école!»

— MARIAN GARRETTY

Les gens qui apprennent à nous connaître ne nous voient pas de la même façon que ceux qui nous rencontrent pour la première fois. Évidemment, nous avons devant nous quelqu'un de chair et d'os, mais lorsqu'on connaît et aime quelqu'un, l'apparence physique prend beaucoup moins d'importance. Une fois apprivoisé, nous sommes en relation avec l'être véritable. Nous n'établissons pas de relation avec un corps. Nous établissons des relations avec les êtres. Après quelque temps, on peut à peine percevoir le corps car nous sommes en relation avec l'être. La sensualité, la tendresse, la chaleur, la beauté authentique, tout cela émane de l'être et non du corps.

Aujourd'hui, je sais que je suis en relation avec des êtres et non des corps.

14 JUIN

UN AMI

«Un ami, c'est quelqu'un qui connaît tout à propos de toi et qui t'aime quand même.»

— CHRISTI-MARY WARNER

Un ami véritable appartient à notre équipe. Il a un préjugé favorable à notre égard. Et malgré toutes les choses qu'on a pu dire et faire dans notre vie, un ami véritable sera toujours en mesure de comprendre notre point de vue et nos motivations.

Il existe une forme de synergie dans l'amitié. L'amitié est une cocréation, une forme de symbiose pratique. Au fur et mesure que l'amitié se noue, on devient un peu comme notre ami et ce dernier devient un peu comme nous. La communication entre amis véritables est bonne car on partage les mêmes points de vue, les mêmes réalités.

Aujourd'hui, je prends plaisir du fait que j'ai noué de bonnes amitiés au fil de ma vie.

15 JUIN

JE TROUVE L'AMOUR QUE JE CHERCHE

Aujourd'hui, peu importe où je me trouverai ou en compagnie de qui, je rencontrerai l'amour tel que je le cherche. Je suis un être lumineux qui est fondamentalement bon, alors je n'ai rien à craindre. Je peux partager. Je sais écouter. Je profiterai de chaque occasion qui se présente pour montrer mes vraies couleurs.

Aujourd'hui, je suis au bon endroit au bon moment.

16 JUIN

MARCHER DANS LES SOULIERS DE L'AUTRE

«La tolérance est la charité de l'intelligence.»
— JULES LEMAÎTRE

Permettre à l'autre d'être lui-même, d'avoir ses propres idées, ses coutumes et ses croyances, respecter ses goûts, c'est accepter de le laisser vivre et penser différemment de soi. La tolérance commence dans le noyau de toute société: la famille. Les parents devraient regarder avec bienveillance leur enfant faire ses premiers pas en trébuchant; partager leur savoir et leur expérience avec patience; encourager et susciter la persévérance. L'enfant doit avoir le temps d'apprendre et de comprendre; les connaissances et le savoir s'acquièrent graduellement. Ce qu'on dit et comment on le dit entrent dans la mémoire de l'enfant. Il n'est pas rare de voir des haines se transmettre de génération en génération.

Aujourd'hui, je vois que je dois exercer la tolérance car je désire pouvoir travailler avec les autres et vivre en harmonie. Le travail en équipe est souvent essentiel à la réussite, donc je demeure ouvert aux idées, aux personnalités et aux manières d'être des autres.

SURVIVRE MALGRÉ TOUT

«Le point tournant de l'évolution personnelle se trouve alors que l'on découvre la force qui se trouve en nous et qui survit à toutes les blessures.»

— MAX LERNER

Nous avons tous traversé des épreuves importantes. Nous avons tous essuyé des échecs et connu des pertes significatives. Ce qui nous distingue des autres, c'est que nous sommes encore là, avec le cœur et les yeux ouverts. Nous avons choisi de continuer à grandir et à créer, malgré toutes nos difficultés. Nous avons trouvé, en nous, la source de sagesse et de puissance qui nous permet d'aimer et de continuer notre ascension.

Aujourd'hui, je suis en contact avec cette source intérieure de sagesse et de puissance qui me propulse vers l'avant.

Cacher nos imperfections

«Celui qui dissimule sa maladie ne peut s'attendre à être guéri.»

— Proverbe éthiopien

Le monde est plein d'imperfections tout comme il est rempli de beauté. On peut voir quelque chose de beau et être distrait par ses imperfections ou on peut en accepter les imperfections et jouir de sa beauté. En relation, on accepte les imperfections que l'on cerne chez l'autre car on désire être avec lui et on sait que ses imperfections sont insignifiantes. Il vaut mieux montrer nos imperfections au grand jour plutôt que de tenter de les cacher ou de les camoufler. En exposant nos imperfections, on se laisse vivre et respirer, et on se permet d'être soi-même. Lorsqu'on est soi-même, la véritable beauté fait surface.

Aujourd'hui, je n'ai plus à cacher mes imperfections. Je suis qui je suis.

S'OUVRIR

«Rien ne pourra vous rendre plus heureux ou vous permettre de vous sentir plus vous-mêmes qu'un échange émotif véritable et honnête avec un autre être humain. Rien n'est plus merveilleux que de pouvoir dire à quelqu'un qui vous êtes, d'ouvrir votre cœur, de révéler vos vraies couleurs, de rencontrer une autre personne à un même niveau de raffinement.»

— DAPHNE ROSE KINGMA

Une relation d'amour ou d'amitié doit s'établir dans un contexte sécuritaire. Un tel contexte existe lorsqu'on sait qu'on peut vraiment compter sur l'autre. Une relation est sécuritaire lorsqu'on sait que l'engagement est suffisamment fort pour résister aux épreuves de la vie. Dans une relation sécuritaire, on peut être soi-même et communiquer librement. La possibilité d'être authentique à tout moment nous confère l'assurance que l'on peut toujours être soi-même.

Aujourd'hui, je favorise le développement d'un contexte sécuritaire dans chacune de mes relations importantes.

LES RÊVES DE JEUNESSE

«Il y a toujours, dans notre enfance, un moment où une porte s'ouvre et laisse entrer l'avenir.»

— GRAHAM GREENE

Lorsqu'on est jeune, on s'imagine toutes sortes de choses quant à ce que sera notre vie adulte. On se projette dans l'avenir et on planifie la carrière qu'on aura, la vie qu'on aura. On idéalise le futur et on se voit resplendissant de succès, d'amour et de stabilité. La réalité nous enseigne cependant que la vie adulte peut s'avérer tumultueuse. On doit travailler assidûment afin d'atteindre nos objectifs. Souvent, lorsqu'on obtient ce que l'on croyait vouloir, on découvre que la chose si convoitée ne correspond pas à nos attentes ou à nos désirs les plus profonds. La vie dresse de nombreux obstacles devant nous, et bientôt, on se rend compte que les rêves de la jeunesse n'étaient que cela: des rêves de jeunesse.

Il y a cependant dans nos rêves de jeunesse quelque chose de très authentique qui parle de qui nous sommes vraiment. À nous d'évaluer si nous avons été fidèles ou non à l'être authentique.

Aujourd'hui, je regarde ma vie et je vois que j'ai été fidèle à moi-même. J'ai dû faire des compromis en cours de route mais, pour l'essentiel, j'ai été fidèle à mes idéaux et à mes rêves.

21 JUIN

ÊTRE VRAI

«La force se manifeste dans l'honnêteté féroce avec soi-même. C'est seulement lorsque l'on a le courage de faire face aux choses telles qu'elles sont, sans illusion ou déception, qu'une lumière pourra surgir de l'événement et nous guider sur le chemin juste.»

— LE I CHING

Lorsqu'on parle d'honnêteté, on pense à la qualité de celui qui ne cherche pas à voler ou frauder les autres. Cependant, ce mot était à l'origine rattaché à la notion d'honneur. Quelqu'un d'honnête était quelqu'un de juste, digne de considération et d'estime.

L'honnêteté est une qualité essentielle. On doit tout d'abord être férocement honnête avec soi-même. On doit pouvoir voir les choses en face et pouvoir compter sur soi. On doit savoir qu'on a fait ce qu'on devait faire et tenu parole. On doit pouvoir affronter les situations difficiles et les problèmes sans réserve, en sachant qu'on pourra apporter la meilleure solution. De plus, en étant honnête et sincère avec l'autre, on commande son respect et sa confiance. En étant honnête, on crée un contexte de stabilité affective et de sécurité dans lequel évoluent nos relations humaines.

Aujourd'hui, je vois l'honnêteté comme étant essentielle à mon développement personnel et à ma paix intérieure.

22 JUIN

DIRE MERCI

«Si la seule prière que vous faites de toute votre vie est: "Merci", cela suffira.»

— MEISTER ECKHART

Aujourd'hui, je sais que je peux continuer à entretenir mes insatisfactions mais je choisis plutôt de dire merci. Je regarde autour de moi et je constate combien j'ai été choyé. Je suis vivant et pleinement conscient. Je peux faire des choix et grandir tous les jours. Aujourd'hui, je suis empli de gratitude car ma vie est complète et je suis libre de vivre pleinement.

LA PENSÉE POSITIVE

«Si vous pensez que vous pouvez, vous pouvez. Et si vous pensez que vous ne pouvez pas, vous avez raison.»

— MARY KAY ASH

Personne ne peut mettre en doute la valeur de la pensée positive. Ceux qui pensent positivement ont tendance à vivre plus heureux, à connaître plus de succès professionnel et matériel, à entretenir des relations humaines plus satisfaisantes. Alors qu'attendons-nous pour adopter des attitudes mentales positives?

Aujourd'hui, j'adopte une attitude mentale positive. Armé de cette attitude, je sais que je pourrai vaincre tous les obstacles et grandir chaque jour dans la joie et la satisfaction.

24 JUIN

LE MURMURE DES ANGES

«Si vous êtes à la recherche d'idées créatrices, faites une promenade. Les anges murmurent à l'oreille de l'homme qui part en promenade.»

— RAYMOND INMON

Depuis quelques années on entend beaucoup parler des anges. On trouve une multitude de livres sur le sujet, nous expliquant comment contacter nos anges, comment identifier notre ange gardien et comment les anges peuvent nous protéger, nous guider et nous sauver. Sans vouloir entrer dans un débat sur l'existence ou sur le pouvoir curatif des anges, on doit constater un fait: les anges ne font pas partie de nos relations humaines tangibles. Malheureusement (ou peut être heureusement), nous ne nageons pas dans un monde subtil mais dans la réalité matérielle partagée par tous. Rien ne peut remplacer l'action concrète qui trouve ses répercussions dans la réalité concrète.

Aujourd'hui, je vois l'importance d'investir mes énergies vers des échanges humains concrets.

25 juin

Je suis fantastique!

Aujourd'hui je sais que je suis un être fantastique qui mérite d'être aimé et de se réaliser pleinement. Je laisse tomber les barrières intérieures qui m'ont empêché d'être moi et de rayonner comme une lumière divine. Je suis un enfant de Dieu qui a sa place dans l'univers et qui cherche à grandir tous les jours.

Aujourd'hui, je suis un enfant de Dieu qui a sa place dans l'univers

La force et la faiblesse

«Grâce à un effet du hasard, un homme peut régner sur le monde pendant quelque temps; mais en vertu de l'amour et de la bonté, il peut régner sur le monde à jamais.»

— Lao-Tzu

Beaucoup de gens n'ont pas encore compris que l'on ne peut pas dominer, contrôler ou asservir autrui en utilisant la force et l'agressivité. Nos sociétés sont de plus en plus violentes et l'on tente de régler nos différends en recourant à l'intimidation et à la violence. La violence engendre la force. La force provoque une réaction de force égale. L'univers est structuré ainsi. Heureusement! seules la bonté, la douceur et la compassion peuvent faire tomber les murs qui nous séparent.

Aujourd'hui, je constate que la bonté est la voie qui mène vers les plus hauts niveaux de conscience et d'action. Je laisse de côté l'intimidation et l'agressivité, et j'adopte des attitudes et des comportements fondés sur l'amour et la compassion.

LE DROIT D'ÊTRE DIFFÉRENT

«La liberté est le droit à la différence, le droit d'être soi-même.»

— IRA EISENSTEIN

On voit souvent les adolescents exercer leur droit d'être différents. Ils cherchent à bâtir un monde qui leur appartient et qui leur ressemble davantage que celui de leurs parents. Souvent, les ados veulent se distinguer par rapport à quelque chose ou par rapport aux autres enfants de leur âge. La vie adulte, cependant, nous incite à la conformité. On doit, à plusieurs niveaux, accepter de jouer le jeu selon les règles afin de réussir sur le plan social et professionnel. Ce processus d'adaptation et de conformité est sans doute valable mais on ne doit pas renoncer pour autant à son individualité.

Chaque individu a sa propre réalité et des caractéristiques propres qui le rendent unique. En exprimant nos différences, on manifeste notre beauté individuelle. Il n'est pas nécessaire de choquer ou d'être absurde pour être différent. On est déjà différent. Il s'agit de manifester nos différences tout en tenant compte de la réalité d'autrui.

Aujourd'hui, je comprends que je dois m'adapter aux exigences de mon environnement, mais je dois aussi préserver mon individualité.

La peur

«Les peurs nous sont inculquées par notre éducation et il est possible, à qui le souhaite, de s'en défaire.»

— Karl A. Menninger

Nos parents, nos enseignants et les médias cultivent d'une façon ou d'une autre la peur et la méfiance. On apprend très jeune que le monde est sauvage et dangereux. On sait que nos parents et nos enseignants nous aiment et veulent nous protéger, mais les médias cherchent plutôt à exploiter et à renforcer nos peurs. On doit savoir faire la part des choses.

Nous sommes appelés à sortir et à bâtir une vie intéressante et satisfaisante autour de nos rapports avec d'autres humains. Pour cela, on doit accepter d'encourir un certain risque. Pour réussir et pour trouver ce que l'on cherche, on doit confronter et vaincre ses peurs.

Aujourd'hui, je sais que la vie comporte une certaine part de risque. J'accepte d'affronter mes peurs tout en étant vigilant.

29 JUIN

LA TÉNACITÉ

«Permettez-moi de vous révéler le secret qui m'a permis d'atteindre mon but. Ma force réside uniquement dans ma ténacité.»

— LOUIS PASTEUR

Aujourd'hui, je sais que je suis tenace. Lorsque je regarde ma vie et que je vois toutes les épreuves que j'ai surmontées, je comprends que je suis tenace. Ma ténacité me permettra d'atteindre tôt ou tard tous mes objectifs.

OUVRIR NOS YEUX

«Si je devais recommencer ma vie, je n'y changerais rien. Je ne ferais qu'ouvrir un peu plus les yeux.»

— JULES RENARD

On oublie parfois de regarder simplement autour de soi afin de constater ce qui s'y trouve. Le monde merveilleux des êtres et des choses est toujours en attente d'être découvert. Nous pouvons prendre le temps de voir et d'apprécier la beauté autour de nous.

Aujourd'hui, je vois que la vie est remplie de beauté et d'aventures, alors j'ouvre les yeux pour mieux y voir.

1er JUILLET

RIEN NE PEUT M'EMPÊCHER DE GRANDIR

«On trouve toujours ce qu'on cherche. La réponse est toujours présente et, si on lui donne le temps, elle se révélera à nous.»

— THOMAS MERTON

Nous faisons partie de ceux qui ont fait le choix conscient de grandir. Nous voulons dépasser nos limites premières et matérialiser notre rêve d'être tout ce que nous sommes vraiment. Nous sommes en quête de notre essence véritable et toutes les expériences de la vie nous mènent inévitablement vers cette découverte progressive. Nous savons qu'il n'y a aucun but plus noble et plus spirituel que l'émancipation de l'être véritable.

Aujourd'hui, je sais que rien ne peut m'empêcher de grandir. Je fais partie de ceux qui ont choisi de vivre consciemment et en pleine connaissance de cause.

Nous sommes uniques

«La beauté, c'est quelque chose de rare, de merveilleux, que l'artiste, dans le tourment de son âme, extrait du chaos universel. Et, quand elle est créée, il n'est pas donné à tous de la voir.»

— Somerset Maugham

Nous sommes uniques en ce sens qu'il n'est pas donné à tous d'être éveillé, d'être en mesure de vivre et d'agir de façon consciente. Nous sommes uniques car nous ne sommes pas capables de fermer les yeux. Nous voyons réellement le monde autour de nous, sa beauté et ses défis. Avec cette conscience, cette vision et ce discernement viennent un certain nombre de devoirs et de responsabilités. Le premier devoir est de grandir.

Aujourd'hui, je sais que je fais partie de ceux qui vivent les yeux grands ouverts. Je ne pourrai jamais nier cette réalité. J'accepte la responsabilité première de la conscience: grandir.

3 JUILLET

LE BIEN ET LE MAL

«Ce n'est pas de vivre selon la science qui procure le bonheur; ni même de réunir toutes les sciences à la fois, mais de posséder la seule science du bien et du mal.»

— PLATON

Ce qui nous distingue des criminels et des lâches tient à ce que nous sachions faire la différence entre le bien et le mal. La société peut se doter de légions de police, de caméras de surveillance et de prisons à l'infini, cela ne servira pas à grand-chose. L'individu doit savoir se gouverner lui-même. Il doit savoir faire la différence entre le bien et le mal, et choisir le bien plutôt que le mal. Lorsque des individus ne parviennent plus à s'empêcher de faire le mal, la société doit intervenir pour protéger les autres. Mais, bien avant cela, chacun a la responsabilité du contrôle de soi.

Aujourd'hui, je sais faire la différence entre le bien et le mal et je choisis de faire le bien.

4 JUILLET

METTRE FIN À LA SOUFFRANCE

«La souffrance est un périple qui a une fin.»
— MATTHEW FOX

Il est tout à fait normal de souffrir par suite d'échecs, de pertes et de contretemps. Mais la vie n'est pas que souffrance. La souffrance doit prendre fin un jour. Malheureusement, plusieurs ont l'impression que la vie est synonyme de souffrance. Ils voyagent d'une perte ou d'un échec à l'autre afin de confirmer et de renforcer leur désir de souffrance. Ils ont la fausse impression que la souffrance donne un sens à leur vie.

Aujourd'hui, je vois que la souffrance doit finir un jour. La vie n'est pas que souffrance. Il y a aussi la joie, la paix intérieure et le bonheur.

5 JUILLET

AUJOURD'HUI J'ÉCOUTE MON CŒUR

Aujourd'hui, j'écoute mon cœur car je sais qu'il ne ment pas. Longtemps j'ai cru que je pouvais trouver des réponses intellectuelles à mes questions existentielles. Mais, avec le temps, je me suis rendu compte que je ne pouvais pas vivre dans ma tête.

Aujourd'hui, je trouve mes réponses dans mon cœur.

6 JUILLET

LA SOURCE DU SUCCÈS

«Ne te morfonds pas sur tes échecs. Il se pourrait bien que ce soit en eux que tu puises les ressources pour réussir.»

— FRANÇOIS GARAGNON

Évidemment, nul ne cherche à provoquer les échecs. Les échecs font cependant partie de la vie. On peut fuir les échecs en étant conservateur et en évitant toute forme d'action douteuse ou on peut agir tout en acceptant que les échecs fassent partie du processus de croissance et d'apprentissage.

Aujourd'hui, j'agis car je dois agir. Je sais que je peux essuyer des échecs et je les utiliserai pour apprendre et pour grandir.

7 JUILLET

NOTRE DESTIN

Au courant des années soixante nous étions persuadés que nous allions changer le monde. La planète tout entière semblait en effervescence. On parlait d'amour fraternel, de coopération et de mettre fin à l'establishment. Avec les années, cependant, ce rêve de transformer le monde s'est estompé au profit d'une vision plus raisonnable des choses et des considérations pratiques de la vie de tous les jours. Le monde a encore besoin d'améliorations, mais on ne constate pas de mouvement social qui cherche à nous amener dans cette direction.

Aujourd'hui, je vois qu'il y a encore bien des choses à faire pour rendre ce monde meilleur. Je cherche à faire ma part.

RECEVOIR L'AUTHENTIFICATION DE NOTRE VALEUR

«On nous vante tellement les mérites de la modestie et de l'effacement de soi, que nous sommes mal à l'aise lorsque vient le temps de recevoir l'authentification de notre valeur personnelle.»

— SUE PATTON THOELE

Aujourd'hui, je sais que malgré mes erreurs, malgré mes imperfections et malgré tout le chemin qu'il me reste à parcourir, je suis un être de grande valeur. Je sais qui je suis en mon for intérieur. Je suis quelqu'un d'aimant et de généreux qui désire agir pour le mieux. Je possède plusieurs merveilleuses qualités que je mets chaque jour en application. Mes proches peuvent voir aisément que je suis sympathique et altruiste.

JE MÉRITE D'ÊTRE HEUREUX

Aujourd'hui je mérite d'être heureux. Je sens que l'univers tout entier s'ouvre à moi et que je pourrais toucher les étoiles. En regardant autour de moi, je vois la vie qui bourdonne et je sens que j'ai ma place en ce beau monde.

Aujourd'hui, je suis un enfant des étoiles et je rayonne de bonheur et d'amour.

10 JUILLET

L'ENTÊTEMENT

«Il n'est pire faiblesse que l'entêtement. Si vous ne cédez pas, si vous ne pouvez vous faire à l'idée que la vie est faite de compromis, vous êtes perdant.»

— MAXWELL MALTZ

Les joueurs de poker professionnels savent qu'afin de gagner, il faut savoir quand tenir ferme et quand céder. L'idée consiste à faire des gains en minimisant ses pertes et en préservant ses réserves, de façon à pouvoir jouer la prochaine fois. Cette analogie s'applique à la vie. Pour jouer au grand jeu de la vie, on doit encourir des risques en minimisant les pertes potentielles et sans épuiser ses ressources. On ne doit pas s'entêter à vouloir gagner toutes les parties, mais plutôt focaliser sur l'ensemble du jeu et cerner notre intérêt global à long terme. On peut même aller aussi loin que d'assumer une perte à court terme en vue d'obtenir une victoire à long terme.

Aujourd'hui, je renonce à l'entêtement au profit d'une analyse judicieuse de chaque situation. Je n'ai pas à sortir gagnant de toutes les situations mais plutôt, à sortir gagnant à long terme.

11 JUILLET

LE RYTHME DE L'AMOUR

«De nos jours, avec nos horaires chargés et complexes, il est possible que nous perdions le contact avec les personnes que nous aimons, parfois pendant des jours et des jours. Voilà pourquoi il est nécessaire de faire l'effort de maîtriser nos obligations et nos plans, mais aussi le rythme essentiel à une relation intime.»

— DAPHNE ROSE KINGMA

Chaque relation a ses besoins et ses attentes. Comme un jardin de fleurs, une relation nécessite de la présence et des soins. La société moderne exige que nous soyons souvent à l'extérieur afin de gagner notre vie et nous réaliser sur le plan professionnel. Pour réussir sur le plan matériel, il faut souvent travailler de longues heures et reléguer nos relations intimes et sociales à l'arrière-plan. Il y a alors risque de se détacher peu à peu des besoins vitaux de nos relations intimes. Nous savons que la réussite financière n'a aucune valeur si nous ne pouvons pas la partager avec ceux que nous aimons. Pour établir des relations saines et durables, il faut consentir son temps et son énergie. On doit respecter l'autre suffisamment pour s'adapter à ses besoins et à son rythme.

Aujourd'hui, je vois que mes relations humaines constituent la plus grande richesse de ma vie. Je prendrai donc le temps nécessaire afin de nourrir ces relations.

12 JUILLET

OÙ NOUS EN SOMMES AUJOURD'HUI

«Ne vous laissez pas décourager. Quiconque a réussi a commencé là où il se trouvait.»

— R. L. EVANS

On peut parfois se sentir découragé de voir que malgré nos efforts et nos bonnes intentions, on a encore beaucoup de chemin à parcourir pour être bien dans sa peau. Mais ce long voyage commence par le premier pas. Il n'importe pas tant de savoir combien de chemin il reste à parcourir que de savoir que l'on avance vers notre but malgré tout.

Aujourd'hui, je poursuis mon chemin vers le bonheur et la sérénité. Malgré les embûches et les contretemps, je me félicite d'avoir poursuivi ce trajet.

13 JUILLET

NOTRE SEUL VRAI CONSEILLER

«Celui qui, à ce qu'il voit, ajoute l'observation, et à ce qu'il lit, la réflexion, se trouve sur la voie de la connaissance.»

— CALEB COLTON

Il ne suffit pas de lire des ouvrages de croissance personnelle, d'assister aux conférences de gourous célèbres et d'écouter les conseils de gens éclairés; on doit apprendre à penser par soi-même. De façon ultime, on doit découvrir ce qui nous rend heureux, ce qui est vrai pour soi et ce que l'on peut accepter.

Aujourd'hui, je comprends que je suis mon meilleur et mon seul véritable conseiller. Mes proches peuvent me faire des suggestions, des commentaires ou des conseils, mais en dernière analyse, je suis l'ultime responsable de mon bonheur.

14 JUILLET

L'INTROSPECTION EST DANGEREUSE

«Lorsque quelqu'un sombre dans la pensée négative, il commet un crime innommable contre lui-même.»

— MAXWELL MALTZ

L'introspection peut être dangereuse. Lorsqu'on rumine des idées sombres et qu'on s'introvertit à penser à telle ou telle chose, on s'éloigne de la réalité. Il est préférable d'essayer de rester à l'extérieur de sa tête et de vivre parmi les vivants.

Aujourd'hui, je chasse les pensées négatives. Je sors pour aller voir ce qui se trouve à l'extérieur plutôt que de ruminer sur le passé.

15 JUILLET

AVOIR RAISON OU TORT

La plupart des conflits émanent du fait que l'on croit avoir raison et que l'autre a tort, et vice versa. Chacun est braqué sur sa position et ne veut pas céder. Les relations humaines exigent une approche beaucoup plus souple et consciente. Personne n'aime se faire dire ou admettre qu'il a tort. C'est une question de fierté personnelle. Personne n'aime être obligé de se plier à la domination ou à la critique. Lorsque nous sommes devant une situation conflictuelle, nous devons cerner le point de vue de l'autre en plus de faire valoir le nôtre. Nous devons conserver une approche cordiale. Avec un peu de recul, la majorité de ces conflits peuvent être résolus.

Aujourd'hui, je vois que la majorité des conflits peuvent être résolus avec un peu de souplesse et cordialité.

16 JUILLET

LE REPOS

On oublie quelquefois que le repos est essentiel au bonheur et au bien-être personnel. On peut parfois s'efforcer et se rompre à la tâche jusqu'à en devenir déplaisant, revanchard et de sale humeur. Lorsqu'on est en relation de couple, que l'on a des responsabilités familiales et professionnelles, on peut oublier de se reposer convenablement. Lorsqu'on est fatigué, on peut se disputer plus facilement. On trouve difficilement des solutions aux problèmes de la vie courante et on se laisse plus souvent emporter par la colère. Le repos est bénéfique car, étant frais et dispos, on peut mieux faire face aux exigences de la vie.

Aujourd'hui, je prends conscience que le repos est essentiel si je veux vivre heureux et en harmonie avec la personne qui partage ma vie.

17 JUILLET

LES PLAISIRS SIMPLES

«L'on devrait, au moins chaque jour, écouter une chanson, lire un poème, regarder une belle image et, en autant que faire se peut, prononcer quelques paroles raisonnables.»

— GŒTHE

On constate que les choses les plus satisfaisantes sont souvent les plus simples: une journée ensoleillée, des oiseaux dans le jardin, un repas délectable, l'appel d'un vieil ami, des chaussures confortables, l'odeur du pain dans la cuisine, une bonne émission à la télé, un solde positif à la banque. Ce sont les plaisirs simples qui emplissent notre cœur et nous rappellent que l'expérience humaine est belle et bonne.

Aujourd'hui, je suis à la recherche de plaisirs simples car ils m'emplissent de joie et de paix.

LA HAINE

«Une fleur meurt même si on l'aime. Une graine pousse même si on ne l'aime pas.»

— DOGEN

On voit comment certains s'enveloppent de haine et d'amertume. Ils envoient des flux négatifs dans l'air mais, en dernière analyse, c'est à eux-mêmes qu'ils font le plus de mal, en s'accrochant à des émotions négatives. La haine peut seulement contribuer à atténuer notre vitalité et nuire à notre faculté de vivre pleinement. On peut même penser que cette émotion négative peut influer sur la santé. Les gens haineux peuvent nous mettre des bâtons dans les roues. Ils peuvent créer des fausses rumeurs et tenter de rendre les autres misérables. Puisque nous nous trouvons sur le chemin que nous avons choisi, et que nous ne voulons pas combattre la haine par la haine, il faut plutôt poursuivre notre route sans nous laisser intimider.

Aujourd'hui, je sais que je n'ai pas de besoin de l'amour de tous pour grandir. Je suis ici en pleine croissance et je continuerai à grandir malgré les obstacles sur mon chemin.

19 JUILLET

PASSER L'ÉPONGE

La vie quotidienne est ponctuée d'exemples de gens qui nourrissent du ressentiment envers une connaissance, un collègue, un membre de leur famille. Cela peut s'éterniser des jours, des mois, voire même des années. Certains ont connu des gens qui racontaient, la voix étranglée par le remords, qu'ils n'avaient pas eu le temps de pardonner à une personne de leur entourage avant que celle-ci ne quitte ce monde. Ce genre de témoignage est bouleversant et démontre la puissance destructrice de la rancune.

Par ailleurs, on trouve plusieurs fêtes religieuses durant lesquelles les fidèles pardonnent à leurs offenseurs: le pèlerinage de sainte Anne d'Auray en Bretagne, le Yom Kippour ou Grand Pardon de la religion juive. On sait que le coût de la rancune est souvent trop élevé. Celui qui conserve et alimente sa rancune sans vouloir pardonner en paye le plus haut prix.

Aujourd'hui, je comprends la valeur du pardon. Puisque j'espère que mes offenses me seront pardonnées, je dois aussi apprendre à pardonner à ceux qui m'ont offensé. En leur pardonnant, je me libère d'une fardeau d'angoisse et de rancune qui peut seulement nuire à ma sérénité.

20 JUILLET

L'ÉNERGIE QUI NOUS HABITE

«La clé d'avoir une vie passionnante, c'est de faire confiance à l'énergie qui nous habite et de la suivre.»

— SHAKTI GAWAIN

Aujourd'hui, je suis à l'écoute de la force vitale qui m'anime et me relie à l'univers tout entier. Je sais que je suis un être lumineux qui emprunte ce corps afin d'accomplir sa mission.

Aujourd'hui, je suis à l'écoute de toutes les perceptions subtiles qui m'habitent et me dirigent.

L'INDUSTRIE DE LA JEUNESSE

Les grandes compagnies pharmaceutiques investissent des sommes faramineuses dans le développement de drogues qui visent à ralentir le processus du vieillissement. Déjà, certains médecins prescrivent des hormones de croissance et autres produits similaires afin de ralentir, et même de reculer, le processus de vieillissement chez leurs clients les plus fortunés. On sait déjà que la génération des baby-boomers ne veut pas vieillir. Ils ne veulent pas céder leur place et se sentir délaissés par la société.

On peut d'ores et déjà prévoir que, de cette nouvelle industrie de la jeunesse, sortira un certain nombre de cures intéressantes. Des cures qui pourront mieux contrôler les effets indésirables du vieillissement. Néanmoins, malgré tous nos efforts, nous ne serons jamais en mesure de d'arrêter le vieillissement. Nous devons nous demander quel prix nous sommes prêts à payer socialement et physiquement pour paraître quelques années plus jeunes?

Aujourd'hui, j'accepte que le vieillissement fasse partie de mon évolution terrestre.

22 JUILLET

LE PRINCIPE DE LA NON-ACTION

Dans son livre le Tao Chi Chin, Lao Tsu expose les vertus de la non-action. La non-action est la capacité d'attendre, d'observer, d'écouter et de découvrir avant d'agir. Chaque événement est mû par sa propre dynamique en rapport avec les lois de l'univers. Parfois, la plus grande erreur que nous pouvons commettre est d'agir plutôt que de laisser les choses suivre leur cours. L'être impatient ne prend pas le temps de découvrir; il se précipite à pieds joints dans l'action et vient perturber l'ordre naturel des choses. Il y a là un message important. L'action doit être en harmonie avec la situation et il est préférable parfois, de ne pas agir et de laisser les événements suivre leur cours.

Aujourd'hui, je vois que l'action précipitée motivée par l'impatience peut être contre-productive. Alors je regarde, j'écoute et j'attends le moment propice pour agir.

23 JUILLET

LES GRANDES ET PETITES VICTOIRES

Sur le chemin du bonheur et de la sérénité, il y a de petites victoires quotidiennes et de grandes victoires. Nous pouvons profiter tous les jours des petites victoires: une journée de travail bien accomplie, l'amélioration de la communication avec un collègue ou un membre de la famille, une journée harmonieuse passée avec l'être cher. Nous devons aussi prendre note et célébrer les grandes victoires: le passage à travers des périodes difficiles tout en gardant son sens de l'humour et son sang-froid, la naissance d'un enfant en santé, l'amélioration de la qualité de vie par suite d'une promotion ou de la réussite en affaire; les anniversaires de mariage. En centrant notre attention sur les victoires plutôt que sur les défaites, nous nous donnons de meilleures chances d'être heureux et complets. La vie est parsemée de toutes sortes d'événements plus ou moins agréables. Mais si on cherche les victoires, on voit que la vie devient plus dynamique et facile. Ensemble, nous réussissons chaque jour. Ensemble, nous avons nos petites et nos grandes victoires.

Aujourd'hui, je prends note de toutes les victoires: les petites victoires personnelles et les plus grandes victoires d'une vie.

24 JUILLET

LA BOUCHE DANS LE CŒUR

«Le cœur du fou est dans sa bouche, mais la bouche du sage se trouve dans son cœur.»

— BENJAMIN FRANKLIN

Le sage a la capacité d'écouter et d'attendre. Il est en communication avec les êtres. Il peut cerner leur niveau de compréhension, leur capacité de communiquer, de comprendre et d'accueillir les messages venant de l'extérieur. En étant conscient et sensible, il ajuste ses communications. Il se place sur la même longueur d'onde que son interlocuteur et entre en communication avec lui. Il communique toujours de façon authentique et parle des vraies choses en restant toujours sensible au niveau de conscience de son interlocuteur. De cette façon, il établit des liens harmonieux avec tous les êtres qu'il croise sur son passage.

Aujourd'hui, je pratique l'écoute active et j'ajuste mes communications en fonction de mon interlocuteur.

25 JUILLET

CHOISIR SON ATTITUDE

«La dernière des libertés humaines consiste à choisir son attitude.»

— VICTOR FRANKL

Nous avons souvent l'impression que nos attitudes, notre façon de voir les choses, ne peuvent pas changer. Une analyse plus approfondie démontre cependant que nous pouvons choisir nos attitudes. Il peut s'avérer souvent plus facile de changer d'attitude face à un contexte particulier que de modifier le contexte. Ainsi, il est plus facile pour un prisonnier de changer son attitude face à l'incarcération que de s'évader. Il est souvent moins pénible et déchirant de changer d'attitude face à notre relation de couple que de subir un divorce. De même, il peut s'avérer plus profitable de changer d'attitude face à notre patron que d'avoir à trouver un nouvel emploi. Nous pouvons changer nos attitudes car nous les fabriquons dès le départ à partir de considérations et de perceptions qui peuvent être ou non valables ou utiles. Une attitude qui contribue à notre survie et à notre bonheur en est une positive. Une attitude négative contribue à notre malheur et amoindrit nos chances de survie. Il s'agit de renforcer les attitudes gagnantes et de modifier les perdantes.

Aujourd'hui, je vois que je peux changer mes attitudes. Lorsque je constate que mes attitudes entraînent conflits et souffrance, je cherche à en développer de nouvelles.

26 JUILLET

LA SIMPLICITÉ

« Tout ce dont on a besoin pour ressentir que le bonheur se trouve ici et maintenant, c'est d'un cœur simple.»

— NIKOS KAZANTZAKIS

Sans nier l'importance d'événements passés qui ont pu être pénibles et dramatiques, nous pouvons voir que nous ne sommes pas inévitablement enchaînés à ces démons du passé. Croire le contraire reviendrait à dire que nous sommes de simples marionnettes, incapables de maîtriser notre destin. Lorsque l'on mène honnêtement ses affaires et qu'on applique des valeurs authentiques comme l'intégrité, le respect, la fidélité et ce, chaque jour, la vie devient alors beaucoup moins compliquée, plus facile. C'est vrai que l'existence est semée d'embûches et qu'on est parfois assailli par les échecs passés. Mais en restant tenaces et fidèles à nos principes, nous risquons moins de sombrer dans la morosité et l'angoisse.

Aujourd'hui, je demeure ouvert et je recherche la conciliation plutôt que les conflits. Si je me débarrasse de toute contrariété, ne retenant ni rancune ni animosité, je garderai le cœur léger et l'esprit ouvert à des choses positives.

METTRE FIN À UNE RELATION MALHEUREUSE

Les relations humaines doivent être fondées sur l'intégrité, la communication et l'intérêt réciproque de chaque partie. Nous ne pouvons pas et ne voulons pas être en relation avec des personnes qui ne nous inspirent pas confiance ou qui ne partagent pas nos valeurs axées sur la justice et l'intégrité. Lorsqu'on perçoit que l'un de nos proches ne contribue pas à notre bien-être mais plutôt à notre déchéance, on doit faire enquête. Nous devons déterminer si notre sentiment est justifié ou non. Heureusement, on peut habituellement identifier cette personne assez rapidement pour pallier la situation ou mettre un terme à la relation carrément. Mais parfois ce genre de personne réussit à se camoufler et à déguiser ses intentions réelles. On doit donc toujours demeurer éveillé et vigilant afin de limiter les dégâts.

On peut croire qu'en mettant fin à une relation négative, on risque de subir des conséquences plus graves que si on n'agissait pas. Mais la vérité est tout autre. À plus long terme, on sera gagnant car on aura éliminé un problème et ramené l'ordre dans notre vie.

Aujourd'hui, je demeure éveillé et vigilant afin d'éliminer les relations négatives de mon entourage.

UNE ENTREPRISE SPIRITUELLE

«Nous cherchons à connaître la signification d'une relation personnelle à partir de ses origines les plus profondes. Alors que dans le passé nous posions la question au nom de nos émotions, nous nous interrogeons désormais au nom de l'esprit. Nous commençons à comprendre que toute relation personnelle est également une entreprise spirituelle qui, au-delà du bonheur qu'elle procure et de la solitude qu'elle nous épargne, nous ouvre un jardin dans lequel l'esprit s'épanouira.»

— DAPHNE ROSE KINGMA

Toute relation humaine est une entreprise spirituelle en ce sens qu'elle implique la participation volontaire de deux esprits libres et autonomes. Nous sommes libres de choisir le genre de vie que nous menons, de choisir avec qui nous entrerons en relation et combien de temps cette relation durera. Nous sommes libres de nous engager ou pas. En sachant que nous sommes libres de choisir, nous savons aussi que nos choix façonnent qui nous sommes aujourd'hui et ce que nous serons demain. Ceux qui choisissent d'établir des relations engagées et à long terme seront toujours avantagés car ils peuvent ainsi prendre racine et manifester leur vraie nature.

Aujourd'hui, je sais qu'au-delà de la satisfaction émotionnelle, la relation humaine présente des possibilités d'évolution spirituelle.

Une deuxième chance

«Lorsque j'avais 31 ans, j'ai failli me noyer dans le Pacifique. Alors que je flottais à la dérive, tiré par une lame de fond, j'ai eu cette prise de conscience importante: "J'ai encore des choses à apprendre et à accomplir". Heureusement, peut-être miraculeusement, je me suis tiré d'affaire. Aujourd'hui, à 40 ans, je vois en effet que j'avais encore bien des choses à apprendre et des choses à accomplir. Je peux remercier Dieu de m'avoir donné une deuxième chance et croyez bien, je n'ai jamais pris cette deuxième chance à la légère.»

— Philippe. S.

La vie est précaire. On ne peut pas se comporter comme si on allait se trouver ici-bas pour toujours. Durant notre séjour, il y a des choses à découvrir, des relations à établir, des projets à réaliser et des objectifs à atteindre. On ne peut pas se permettre de rater une occasion aussi sensationnelle que la vie sur terre.

Aujourd'hui, je profite pleinement de cette belle occasion qu'est la vie en faisant ce que je dois.

FAIRE BOUGER LES CHOSES

L'un des plus grands défis en ce monde industriel consiste à faire bouger les choses. Évidemment, il y a déjà beaucoup de mouvement sur la planète. Mais lorsqu'on veut initier quelque chose de nouveau, on rencontre souvent une certaine forme de résistance. Les nouveaux projets et les idées nouvelles sont accueillis dans la plus grande indifférence. On a l'impression d'avancer dans la boue profonde. Ce qui est important en dernière analyse, c'est notre intention de réaliser un projet et la détermination dont on fait preuve.

Aujourd'hui, je ne me laisserai pas abattre par la résistance que je dois affronter dans la réalisation de mes projets.

31 JUILLET

La force de l'intelligence

On ne doit pas sous-estimer la force de l'intelligence. On doit aussi noter que l'intelligence prend des formes très variées. Lorsqu'on parle d'intelligence, on ne fait pas nécessairement référence à l'intellect ou à la dimension du cerveau. On parle plutôt d'habileté consciente. Une personne peut posséder un quotient intellectuel très élevé et ne pas être en mesure d'en profiter. L'intelligence consiste à trouver des solutions valables aux problèmes de tous les jours, à apporter de l'organisation à son travail et à sa vie; c'est s'occuper de soi-même et de ses proches; c'est maximiser son potentiel et réussir sa vie.

Aujourd'hui, j'utilise mon savoir et mon intelligence pour être la personne que je désire être et pour faire ce que je m'étais promis. J'use de mon intelligence pour trouver des solutions aux problèmes que je dois confronter, pour bâtir une vie de succès et de bonheur. J'utilise mon intelligence pour être au service de ma famille et de ma communauté.

AUJOURD'HUI JE PENSE À MOI

«C'est dans son plaisir que l'être humain vit vraiment; c'est à partir de ses loisirs qu'il construit sa véritable essence.»

— AGNÈS REPPLIER

Aujourd'hui, je pense à moi et à mes besoins. Cette journée est consacrée à me faire plaisir en m'offrant un cadeau ou en pratiquant une activité qui m'emplira de joie et d'énergie. Je n'ai pas à me sentir coupable de m'occuper de moi. Car, lorsque je suis heureux et comblé, je suis en mesure de mieux relever les responsabilités et les défis quotidiens.

Aujourd'hui, je m'offre cette journée.

2 AOÛT

OÙ VAIS-JE?

«Pour progresser, il ne suffit pas de vouloir agir, il faut d'abord savoir en quel sens agir.»

— G. LE BON

L'humain se pose plusieurs questions fondamentales. Où suis-je? Avec qui suis-je? Où vais-je? Cette question de notre destination ultime est importante et renvoie aux motifs mêmes de notre travail quotidien. Sans pouvoir au moins partiellement répondre à cette question, nous sommes comme des navires voguant sur l'océan sans destination précise. L'action doit être orientée vers un but pour retrouver son sens et son efficacité.

En analysant la question, nous découvrirons fort probablement que nous avons tous différents buts à court, moyen et long termes qui sont parfois concrets, parfois abstraits. Par exemple, on peut suivre des cours du soir en vue de mériter une promotion; on s'engage dans une démarche de croissance personnelle afin de vivre plus sereinement. On désire démarrer sa propre entreprise en vue de devenir financièrement autonome. Élaborer des objectifs nous permet de donner un sens et une orientation précises à notre action. Nous évoluons vers une destination précise. Et lorsque nous aurons atteint cette destination, nous saurons que notre action n'aura pas été vaine.

Aujourd'hui, mon action a un sens et une orientation. Jour après jour je m'approche inévitablement de ma destination.

3 AOÛT

TOUTE UNE VIE

«M'aimerez-vous en décembre comme en mai?
«M'aimerez-vous de cette bonne vieille façon?
«Quand mes cheveux seront devenus gris,
«M'embrasserez-vous alors et direz-vous
«Que vous m'aimez en décembre comme en mai?

— JAMES J. WALKER

Plusieurs vivent dans la crainte qu'ils deviendront moins désirables avec les années. Ils craignent de perdre leur charme et de ne pouvoir attirer vers eux l'amour et la tendresse dont ils ont tant besoin pour se sentir vivants et désirés. Ils craignent la solitude qui accompagne la vieillesse, l'abandon et l'oubli. On ne peut pas dire que ces craintes soient sans fondement. On peut voir que les personnes âgées sont trop souvent laissées à elles-mêmes.

On doit cependant garder courage et reconnaître que ceux qui atteignent aujourd'hui l'âge d'or sont infiniment mieux préparés qu'auparavant. Ils planifient leur retraite et ont l'intention de demeurer actifs dans une variété d'activités professionnelles et sociales. Surtout, ils possèdent une vaste expérience qui est de plus en plus valorisée.

Aujourd'hui, je vois le temps passer et je sais qu'un jour ma vie changera. Je prévois mener une vie active et stimulante jusqu'au dernier soupir.

4 AOÛT

SEUL AVEC SOI-MÊME

«Quand vous créez un monde tolérable pour vous-même, vous créez un monde tolérable pour les autres.»

— ANAÏS NIN

Aujourd'hui, je me rends compte que j'ai besoin de passer du temps seul avec moi-même. Ce temps passé seul, loin des distractions, des exigences et du bruit du train-train quotidien, me permet de me retrouver et de me ressourcer. J'aime partager ma vie avec les autres. J'aime venir en aide et offrir ma tendresse et mon soutien aux personnes qui partagent ma vie mais j'aime aussi passer du temps seul. En étant seul je sens que je peux enfin relaxer et prendre contact avec mes sentiments véritables.

Aujourd'hui, je prends un peu de temps pour me ressourcer, seul.

5 AOÛT

LES JOURS MOINS FACILES

Il y a des jours moins faciles à vivre que d'autres. Ces jours où rien ne semble aller dans le sens souhaité. Il y a des jours où accomplir les choses les plus simples est plutôt ardu, on a l'impression qu'on aurait mieux fait de rester au lit.

Durant ces jours plus difficiles, on peut prendre le temps de regarder autour de soi et voir que malgré tout, la vie est bonne. Même les moments les plus difficiles peuvent nous apporter une forme de joie. La joie d'être en vie, capable d'affronter et de triompher de l'adversité.

Dans l'ensemble, je me sens assez satisfait. Dans ces moments difficiles, il faut se convaincre que demain sera mieux et savoir que les épreuves de la vie quotidienne servent à nous rappeler que l'on est en vie.

Aujourd'hui, je ferai de mon mieux et je passerai au travers. Aujourd'hui, je tenterai de garder mon sens de l'humour même s'il me semble que mes proches ont perdu le leur.

6 AOÛT

SUIVRE SON PROPRE RYTHME

«Si vous êtes en mesure d'observer qui vous êtes et d'agir à partir de là, alors vous verrez qu'il est possible d'aller infiniment loin.»

J. KRISHNAMURTI

Chacun a son propre rythme. Chacun danse à un rythme qui lui est propre. Certains sont très rapides, d'autres beaucoup plus lents. Certains peuvent assimiler rapidement des expériences et de nouvelles connaissances, d'autres ont besoin de plus de temps pour digérer chaque expérience et pour mettre en pratique leurs nouvelles connaissances. Ceux dont le rythme est rapide s'impatientent facilement devant ceux dont le rythme est plus lent. Ceux dont le rythme est moins rapide se sentent bousculés et exaspérés face aux exigences des gens trop rapides pour eux. On ne peut qu'en déduire que chacun doit pouvoir respecter son propre rythme.

Aujourd'hui, je respecte mon rythme. Je suis à l'écoute de la musique intérieure qui transforme ma vie en une danse avec moi-même et en compagnie.

ENCOURAGER PLUTÔT QUE CRITIQUER

«La tolérance, comme l'humour, est une qualité qu'on exige souvent des autres, sans toujours la maîtriser soi-même.»

— FRANÇOIS GARAGNON

On voit sur le visage des autres l'effet de la critique. Lorsqu'on les critique ou qu'on les dispute, ils se recroquevillent sur eux-mêmes et deviennent silencieux et renfrognés. On voit aussi que la critique est peu efficace pour motiver les gens à améliorer leurs comportements. La critique est souvent la première réaction face à quelque chose qui nous déplaît. Cette première réaction est rarement la bonne car elle n'est ni constructive, ni réfléchie.

Aujourd'hui, je me fie à l'encouragement plutôt qu'à la critique. Au lieu de réagir spontanément par une critique, je m'accorde quelques minutes de délai. Je cherche à mieux comprendre et j'utilise des mots d'encouragement pour motiver l'autre.

L'ÉMERVEILLEMENT

«Et si vous pouviez garder votre cœur en émerveillement devant les miracles quotidiens de votre vie, votre douleur ne vous semblerait pas moins merveilleuse que votre joie.»

— KAHLIL GIBRAN

Lorsqu'on s'arrête à y penser, la vie est remplie de merveilles. Le fait que l'être humain soit doté de la capacité d'inventer, de créer, de communiquer et d'atteindre des niveaux de conscience supérieurs, est tout à fait merveilleux. Toutes les formes de vie qu'on retrouve sur terre et qui vivent en interdépendance les unes avec les autres sont tout à fait merveilleuses. La spontanéité et l'innocence des enfants sont merveilleuses. La profonde affection que l'on ressent par rapport à nos animaux domestiques et par rapport aux créatures vivantes est merveilleuse. La beauté du ciel, des nuages, des montagnes et des couchers de soleil est merveilleuse. La poésie, la peinture, la sculpture et l'architecture sont merveilleuses. On vit dans un monde plein de merveilles. On n'a qu'à ouvrir les yeux pour s'en apercevoir.

Aujourd'hui, je suis ému par les merveilles que je découvre autour de moi. Je suis dans un état d'émerveillement qui me rapproche de mon essence spirituelle et de Dieu.

LA FOI

«La foi est l'oiseau qui se balance avant que ne luise d'aurore.»

— RABINDRANATH TAGORE

On entend souvent dire que la foi est aveugle. On croit sans avoir vu. Mais nous pouvons aller plus loin pour décrire la puissance de la foi. La foi est ce profond sentiment que quelque chose est vrai au-delà de toute apparence, au-delà de toute considération. La foi est un niveau très élevé de savoir qui ne se nourrit pas d'apparences, d'opinions ou de considérations matérielles. La foi est un savoir profond et incontestable qui exerce une influence profonde sur nous et sur l'univers. Par exemple, quelqu'un qui a foi en sa guérison exerce une influence extrêmement puissante sur son état physiologique. Il sait sans aucun doute qu'il sera guéri et ce savoir immunise en quelque sorte son organisme contre la maladie.

Aujourd'hui, je vois que la foi est une forme de savoir qui balaye toute autre considération.

LES ENNEMIS DE L'ESTIME PERSONNELLE

L'estime personnelle, la perception favorable à l'égard de soi-même, est chose essentielle. Il existe des comportements qui favorisent l'estime de soi et des comportements qui lui nuisent. Nous savons que les commentaires dévalorisants, la dépendance aux drogues, au jeu ou à alcool, l'absence de buts et d'objectifs dans la vie, viennent réduire la capacité de s'aimer et de réussir. Si on désire vraiment grandir ensemble, on doit éloigner les ennemis de l'estime personnelle lorsqu'ils apparaissent. Notre bien-être et notre survie en dépendent. Les ennemis de l'estime de soi s'infiltrent parfois dans nos vies de façon anodine et sournoise. On ne se rend pas compte qu'il y a un problème avant qu'il ne soit trop tard. Pour cette raison, on doit toujours demeurer vigilant et, lorsqu'on aperçoit les indicateurs, on doit réagir sans tarder pour éliminer cette source potentielle de sabotage de notre bien-être et de notre survie.

Aujourd'hui, je demeure vigilant et attentif aux comportements qui peuvent nuire à mon estime personnelle. Je n'accepte rien qui puisse amoindrir mon estime personnelle car je tiens à la relation et je veux vivre en paix et en harmonie.

LA JOIE QUI M'ENTOURE

«L'amour est l'ultime signification de tout ce qui nous entoure. Ce n'est pas un simple sentiment, c'est la vérité, c'est la joie qui est à l'origine de toute création.»

— R. TAGORE

Aujourd'hui, je regarde autour de moi et je vois la joie dans cette vie. Je vois le visage de Dieu dans toutes les fleurs, dans tous les arbres et dans toutes les créatures vivantes.

MOI, TOUT SIMPLEMENT

«Plus la vie nous poursuit, plus il est difficile de continuer à prétendre être celui ou celle que l'on se croit. La nature a une façon bien particulière de reprendre le dessus. Ce changement peut être déconcertant pour certains et le bienvenu pour la personne que l'on a toujours été.

— AGATHA CHRISTIE

Lors de nos années formatrices, nous nous inventons. Nous inventons la personne qui, selon nous, obtient les meilleurs résultats dans la vie. Nous nous inventons pour différentes raisons: nous voulons être aimé et accepté; nous voulons nous protéger contre les assauts de la vie; nous voulons réussir et nous répondons à l'image que les gens cherchent à se faire de nous. En vieillissant, la nécessité de maintenir cette construction un peu artificielle disparaît. On peut finalement se permettent d'être moins parfait, moins sociable, moins "cool". Nous pouvons enfin parler ouvertement et laisser tomber notre façade. Nous pouvons enfin être nous-mêmes.

Aujourd'hui, j'ai dépassé le besoin d'être ce que je pense que je devrais être et ce que je pense que les autres gens veulent voir et entendre. Je suis enfin moi, tout simplement.

CES MOTS QUI FONT TOUTE LA DIFFÉRENCE

Nous savons que certains mots peuvent faire une grande différence dans la vie des personnes qui partagent notre existence. On peut parler de choses et d'autres ou on peut dire les choses qui sont importantes. «Je t'aime.» «Tu es importante pour moi.» «Je fais ceci ou cela parce que je t'aime.» «Tu es la personne la plus importante dans ma vie.» «Sans toi la vie n'aurait aucun sens.» «Je serai avec toi pour toujours mon amour.» «Tu es vraiment formidable.» «Je suis tellement heureux de te connaître et de vivre avec toi.» «Tu as transformé ma vie à jamais.» «Je t'aime plus aujourd'hui que lorsque nous nous sommes rencontrés.» «Je suis heureux de vieillir avec toi.» «Tu es la seule personne avec qui j'ai été vraiment en amour.»

Aujourd'hui, je peux dire les mots qui font toute la différence.

14 AOÛT

L'ÉTÉ INVINCIBLE

«Au cœur de l'hiver, j'ai finalement appris qu'en moi existe un été invincible.»

— ALBERT CAMUS

Chacun de nous doit trouver sa force intérieure qui aidera à traverser les périodes creuses de la vie. Certains sont accablés d'une maladie grave. D'autres doivent accepter le décès d'un être cher. D'autres encore ont la tâche d'élever un enfant handicapé. Ces personnes doivent trouver à l'intérieur d'elles la force de continuer et de surpasser la nature accablante de leur condition. Cette force intérieure peut prendre diverses formes: la foi en l'amour de Dieu, la conviction que les épreuves de la vie nous rendent meilleurs; le sens profond de la responsabilité et du devoir; l'amour indéniable de soi et de l'autre.

Aujourd'hui, j'affronte les épreuves de la vie en trouvant ma force intérieure. Cette force est alimentée par la conviction que je peux surmonter toutes les épreuves. En vivant un jour à la fois, j'évite d'accorder trop d'importance à mes épreuves futures.

15 AOÛT

JE SUIS UN MODÈLE

Chaque personne est un modèle. Il y a des modèles qui exhibent des vertus authentiques telles le courage, la bienveillance, la charité, la compétence et la compassion. Il y en a d'autres qui projettent une attitude, une apparence et un comportement aux attributs moins enviables tels la lâcheté, l'avarice, la violence, la perversion ou l'indifférence. Nous sommes des êtres sociaux. Nous côtoyons d'autres êtres qui peuvent être influencés. Ils regardent autour d'eux et voient tous ces modèles. Ils ont à choisir eux-mêmes quel sera leur rôle et leur *modus vivendi*. Je peux peut-être avoir une influence favorable en étant un modèle qui projette des valeurs positives.

Aujourd'hui, je comprends que je suis un modèle pour ceux qui m'entourent. Je tente donc par mes attitudes et mes comportements d'exercer une influence positive sur les autres.

LES QUESTIONS FONDAMENTALES

Les questions les plus simples sont les plus profondes. D'où venez-vous? Où demeurez-vous? Où allez-vous? Que faites-vous?

Nous sommes tous un peu pris dans le tourbillon de la vie quotidienne où les actions s'enchaînent les unes après les autres. Nous sommes impliqués dans la routine quotidienne qui retient notre attention et nous permet d'oublier bien des choses. Puis, tout d'un coup, un événement survient qui nous oblige à nous poser les questions fondamentales. Cet événement peut prendre une forme dramatique, comme le décès d'un être cher, ou une forme plus anodine comme la rencontre d'un vieil ami d'école. Alors, on prend conscience de notre position spécifique dans l'univers à ce moment précis. On regarde et on voit d'où on vient et on aperçoit ce qu'on est devenu avec le temps. Ces prises de conscience peuvent s'avérer décisives.

Aujourd'hui, je réponds aux questions fondamentales. Je ne crains pas de m'interroger sur ces questions car je sais que les réponses que je trouverai m'orienteront dans mon développement futur.

17 AOÛT

DIEU EST MON AMI

Certains parlent de Dieu, d'autres de l'Être supérieur et d'autres encore parlent de l'énergie cosmique. Mais tous sont d'accord qu'il existe une force bienveillante qui est à la source de toute chose. Cette force bienveillante connaît notre cœur et nos intentions. Cette force bienveillante nous suit tout au long de notre vie et nous accueille à la fin de nos jours. Cette force bienveillante nous inspire, nous donne courage et nous soutient dans les moments les plus sombres. Notre lien avec cette force bienveillante est indéniable et indispensable.

Aujourd'hui, je sais que Dieu est mon ami. Il me guide et m'inspire tous les jours. Il éclaire mon chemin et me permet de connaître la beauté et la joie quotidiennement. Mon ami ne m'abandonnera jamais. Il sera toujours là, à mes côtés, dans la douleur et dans la joie.

GRANDIR EN SANTÉ

«Examinez votre santé; et si vous l'avez, remerciez Dieu et accordez-lui la même valeur qu'à votre conscience; parce que la santé est le deuxième bienfait dont nous les mortels sommes capables, un bienfait qui ne s'achète pas.»

— IZAAK WALTON

Nous nous rendons compte de la valeur de la santé lorsque nous sommes malades. Même les petits maux comme les rhumes et les grippes nous rappellent l'importance d'une bonne santé. Évidemment, nous ne pouvons pas éliminer toute possibilité de maladie mais nous pouvons être à l'écoute de notre corps et de nos émotions afin d'ajuster nos pratiques et nos habitudes. Le corps humain nécessite une bonne alimentation, du sommeil et du repos régulier, de l'exercice physique, des activités sociales et professionnelles stimulantes. Si nous tentons de satisfaire ces besoins élémentaires, nous minimisons déjà les possibilités de maladies graves. Les excès peuvent être beaucoup plus facilement assimilés lorsque nous sommes jeunes mais l'effet cumulatif de l'excès se fait sentir éventuellement sur notre santé et notre vitalité.

Aujourd'hui, je reconnais l'importance d'une bonne santé. Je peux faire des choses afin de conserver ma santé et minimiser le potentiel de maladie.

19 AOÛT

UN MONDE MATÉRIEL

«Un homme sage ne se perd jamais de vue s'il se connaît.»

— MONTAIGNE

Lorsque nous regardons autour, nous voyons à quel point nous vivons dans une société matérielle. Nous avons construit d'énormes systèmes de production, de mise en marché et de distribution fondés sur la consommation. Les enfants apprennent très vite qu'ils sont définis par leur habillement, leurs possessions. Les gens s'identifient tellement aux choses matérielles qu'ils deviennent eux aussi très matérialisés. Ils ont de la difficulté à faire la différence entre leurs possessions et eux-mêmes, tant le processus d'identification est intense et présent. Nous passons beaucoup de temps à accumuler et à entretenir des choses matérielles et nous travaillons afin de conserver ce que nous avons et d'en accumuler davantage.

L'accumulation de biens matériels, au lieu de nous fournir la joie et la sécurité promises, vient nous accaparer et réduire notre liberté de pensée et d'action.

Aujourd'hui, je miserai sur ma croissance spirituelle et je mettrai de côté cette obsession de la vie matérielle.

FAIRE VALOIR SES DROITS

«Personne ne vous donne la liberté, l'égalité et la justice. Tout homme y a droit. Il suffit de s'affirmer. C'est à prendre ou à laisser.»

— MALCOLM X

Nos structures sociales ne sont pas fondées sur l'égalité des opportunités, le partage des richesses, la liberté d'expression, la justice pour tous. Il existe des inégalités flagrantes et structurelles dans nos démocraties modernes. Chaque jour nous voyons comment le pouvoir politique et économique est utilisé pour favoriser tel groupe ou tel individu. Cependant, malgré les imperfections du système, l'individu peut toujours faire valoir ses droits. Heureusement, des groupes et des individus ont déjà frayés un chemin pour nous en faisant abolir des lois discriminatoires, en créant un contexte favorable à la libre expression et à l'égalité des opportunités. Nous avons comme responsabilité de préserver ces acquis et de les renforcer en faisant valoir nos droits et en luttant contre le silence et l'injustice lorsque nous les affrontons dans notre vie de tous les jours.

Aujourd'hui, je vois que je suis l'ultime responsable de mon destin. Je dois faire valoir mes droits et me frayer un chemin dans ce monde.

21 AOÛT

ÊTRE INTÈGRE

«Être intègre, c'est être une personne de qualité. C'est représenter par vos mots et par vos comportements les vérités auxquelles vous croyez, les valeurs inhérentes à vos pensées les plus élevées, à vos visions les plus claires. Quand nous sommes intègres, les autres peuvent avoir confiance en nous, et nous pouvons avoir confiance en nous-mêmes. Nous savons que ce que nous offrons dans nos relations est dépourvu de sensiblerie, de mensonges ou d'impureté.»

— DAPHNE ROSE KINGMA

On sait quand on est intègre et quand on ne l'est pas. On sait lorsqu'on dit la vérité ou non. On sait quand on prend la meilleure décision pour le plus grand bien et quand on choisit la route facile. Nous serons bien dans notre relation de couple lorsque nous serons en mesure d'être fidèle à nous-mêmes, à nos principes et à nos croyances. Les petites transgressions que nous commettons, les petits mensonges et les demi-vérités que nous fabriquons pour nous protéger, finissent pas nous coûter notre relation. En étant intègre tous les jours et en toutes circonstances, nous pourrons vivre heureux et profiter pleinement de notre relation de couple.

Aujourd'hui, je vis à cœur ouvert. Je suis fidèle à mes principes et à mes croyances. Je sais que ma relation de couple peut grandir si je suis intègre en tout temps.

LE SOMMEIL

«Car la nuit n'était pas impartiale. Non, la nuit aimait certaines personnes plus que d'autres, servait certaines personnes plus que d'autres.»

— EUDORA WELTY

Nous savons tous que le sommeil est important à notre bien-être. Le sommeil est réparateur et essentiel à l'équilibre mental et émotionnel. Lorsque nous sommes privés de sommeil pendant une période plus ou moins longue notre efficacité et notre attention diminuent, nous sommes plus cafardeux et plus distrait.

Aujourd'hui, je comprends l'importance du sommeil sur ma santé physique, mentale et émotionnelle. Je sais que lorsque je m'accorde des nuits de sommeil, je m'occupe bien de moi.

L'AMOUR QUI GUÉRIT

L'amour est certes un état d'esprit et un sentiment. Mais l'amour est aussi une force qui transforme et qui guérit. Dans la vie, nous pouvons vivre toutes sortes d'expériences. Certaines peuvent être particulièrement pénibles et laisser des cicatrices profondes. Heureusement, l'amour peut nous consoler et nous guérir. Sa chaleur nous transperce, l'amour pénètre au fond de nous, nous inonde et vient nous trouver. Lorsque nous sommes à côté d'une personne qui nous aime et qui veut notre bien, son amour peut nous réchauffer et venir soulager, voire guérir, nos blessures passées. L'affinité, l'amour et l'admiration sont des ondes positives qui font fondre la peine et les vicissitudes.

Aujourd'hui, j'utilise le pouvoir curatif de l'amour pour soulager les peines de l'autre. Lorsqu'on sent l'amour dans notre vie, on peut vaincre les détresses et les malaises.

UNE PAGE BLANCHE

«La vie en soi ne peut pas vous donner la joie, à moins que vous ne le vouliez vraiment. La vie ne donne que le temps et l'espace. C'est à vous de la remplir.»

— AUTEUR INCONNU

La psychologie moderne a beaucoup mis l'accent sur les facteurs qui déterminent nos attitudes, notre intelligence, nos comportements et nos aptitudes. Les économistes voudraient nous faire croire que notre vie est déterminée par des facteurs économiques, tandis que les généticiens nous disent que notre vie est déterminée par nos gènes. Nous savons au fond de nous que l'être est auto-déterminé. Plus il évolue, plus il apprend à penser par lui-même, plus il devient auto-déterminé. Cela signifie que le niveau de conscience de l'être est le seul et unique facteur déterminant.

Aujourd'hui, je vois la vie comme une page qui m'a été donnée. C'est à moi de la remplir. Tout au long de ma vie, je compose avec les éléments que je trouve et qui m'ont été donnés. Je créé des relations. Je développe des projets et je cherche des vérités qui seront utiles à mon développement. Aujourd'hui, je sens que l'histoire que j'invente est une histoire de courage et d'amour. Je remplis la page avec des expériences positives et des prises de conscience importantes.

25 AOÛT

SE CHOISIR UNE DIRECTION

«Ce n'est pas que certaines personnes ont de la volonté et d'autres pas. C'est que certaines personnes sont prêtes à changer et d'autres ne le sont pas.»

— JAMES GORDON

Nous œuvrons tous dans une direction. Parfois, nous n'avons pas l'impression de l'avoir choisie, parfois nous avons l'impression qu'un concours de circonstances nous y a poussé; néanmoins, nous avançons tous sans contredit dans une direction. Il s'agit de savoir que nous avons toujours le choix de poursuivre ou de changer de direction. Les sillons dans la route que nous avons choisie nous semblent tellement profonds que nous ne pouvons pas imaginer changer de direction. Évidemment, l'effort peut nous paraître énorme; mais la question demeure: Voulons-nous changer de direction? Lorsque la décision est vraiment prise, nous pouvons vaincre tous les obstacles et trouver l'énergie nécessaire au changement.

Aujourd'hui, je vois que je peux choisir ma direction. Je ne suis pas l'esclave des circonstances de ma vie. Je peux choisir.

NOS VIEUX AMIS

«Ainsi que le vieux bois convient mieux pour brûler, un vieux cheval pour chevaucher, de vieux livres pour lire et de vieux vins pour boire, de même il est préférable de posséder de vieux amis.»

— L. WRIGHT

Nous savons que les bons amis loyaux sont plutôt rares. Les gens changent. Chacun poursuit son développement et sa voie. On peut perdre un ami en cours de route car il a choisi d'évoluer dans une direction et nous en avons choisie une autre. Heureusement, nous réussissons à conserver un petit nombre d'amis loyaux malgré tous les changements. Ces amis nous connaissent depuis longtemps, ils nous ont vus évoluer, changer avec les années. Et malgré tous ces changements, ils nous connaissent et nous aiment. Ils ont choisi de suivre notre évolution et d'accepter nos changements. Ils nous ont aimés lorsque nous n'étions pas aimables. Ils nous ont visités lorsque nous étions malades et seuls. Ils ont pensé à nous qu'elles que soient les circonstances et ont choisi d'être là durant les moments difficiles. Nous savons que les bons amis loyaux sont plutôt rares. Et nous remercions Dieu d'en avoir eu quelques-uns.

Aujourd'hui, je suis heureux d'avoir quelques bons amis. Je vois que ces individus font partie de la richesse véritable de ma vie.

JOURNAL INTIME

«J'écris seulement pour découvrir ce que je pense, ce que je regarde, ce que je vois et ce que cela signifie. Ce que je veux et ce que je crains.»

— JOAN DIDION

Vous avez peut-être connu certaines personnes qui écrivent des journaux intimes. À la fin de chaque journée, elles prennent le temps d'écrire leurs aventures, leurs pensées et leurs émotions. Écrire un journal personnel peut nous aider à mettre de l'ordre dans nos idées. En repassant les événements et les émotions de la journée, on peut prendre un certain recul par rapport à nos expériences et apprendre à mieux les assimiler. On peut voir ce qu'on a fait de bien et ce qu'on voudrait améliorer. On peut mieux cerner ce qui nous rend heureux et ce qui nous tracasse.

Aujourd'hui, je débute un journal intime. En écrivant à chaque jour, je pourrai mieux me rendre compte de mon évolution.

28 AOÛT

OUVRIR LA PORTE À L'AMOUR

«Il est triste de se rendre compte qu'une personne peut passer sa vie entière sans vraiment connaître l'amour. Ouvrir la porte à l'amour véritable implique un certain nombre de dangers et requiert un certain montant d'efforts soutenus. Il n'existe cependant aucune poursuite plus valorisante et plus réelle que l'amour véritable.»

— SANDRA ROBINSON

Pour être en relation, on doit être accessible. Si on traverse la vie comme si on était dans un film, sans vraiment s'investir, ou si on pose des barrières infranchissables autour de nous, on ne sera jamais capable de connaître les vrais fruits de l'amour et de l'intimité. La vulnérabilité, la présence et la communication authentique impliquent un certain niveau de danger. En étant accessible, on peut souffrir. Mais sans l'expérience créative de l'amour et de l'amitié, la vie n'a aucun sens.

Aujourd'hui, j'ouvre la porte à l'amour et je fais acte de présence. Bien sûr, je risque d'être blessé, mais je risque aussi de vivre quelque chose de vrai et de connaître une transformation profonde.

UN INSTRUMENT DE PAIX

«Seigneur, fais de moi un instrument de Ta paix...»

— SAINT-FRANÇOIS D'ASSISE

La société doit appartenir aux personnes de bonne volonté qui œuvrent et qui cherchent à vivre en paix. La société doit être un lieu sécuritaire pour les enfants et pour les familles. Elle doit protéger les innocents et récompenser ceux qui font leur part. On voit que la société ne remplit pas toujours cette mission. On récompense les abus. On permet à la violence de prendre racine. On pénalise les gens qui travaillent en introduisant des systèmes de taxation usuraire. Les injustices flagrantes découragent plusieurs personnes qui deviennent résignées et refusent de participer au bon fonctionnement de l'État.

Dans un contexte semblable, nous devons redoubler nos efforts pour montrer l'exemple. Nous sommes des instruments de paix et de justice. Si nous abandonnons la lutte pour une société meilleure, le monde basculera dans la noirceur et l'infamie.

Aujourd'hui, je vois que je suis un instrument de paix et de justice. Je m'applique à faire ce que je dois et je respecte mon code moral dans toutes mes interactions. Je suis de ceux qui n'abandonneront pas la partie et qui croient que la société appartient aux gens de bonne volonté.

PROTÉGER SA RÉPUTATION

On met des années à se bâtir une bonne réputation. On peut la détruire en quelques instants. Notre réputation, c'est l'image que les gens se font de nous. On met beaucoup de temps et d'efforts à bâtir une image de confiance, de compétence et de fiabilité. Une bonne réputation vaut son pesant d'or. On doit la protéger et la nourrir tout au long de notre vie en agissant correctement.

Aujourd'hui, je connais la valeur d'une bonne réputation. Je m'efforce de la protéger en travaillant honnêtement et consciencieusement. Je ne me laisse pas emporter par l'impulsion du moment. J'agis avec sérieux et responsabilité.

31 AOÛT

LA VÉRITÉ DU MOMENT

On peut passer notre vie dans une fuite vers l'avant en s'imaginant que la joie, le bonheur authentique et l'amour véritable viendront un jour. Le moment présent est alors insatisfaisant et seul l'espoir d'une vie meilleure donne un sens à notre vie. On peut choisir cependant de revenir à l'instant présent et de voir que la plupart des choses que l'on cherche se trouvent devant nos yeux.

Aujourd'hui, je cherche à vivre dans le moment présent. En étant présent, je peux voir que la vie est remplie de belles et de bonnes choses. Je peux tendre vers la perfection, mais je peux aussi accepter de voir ce qu'il y là, aujourd'hui et maintenant.

1er SEPTEMBRE

Le début des classes

Le mois de septembre annonce le début des classes. On sent que l'été tire à sa fin et le début de l'année scolaire nous ramène aux choses sérieuses. Tous les gens sont de retour au travail et la vie reprend sont train-train habituel. Il y a aussi de nouvelles odeurs dans l'air. Le soleil a un doux éclat jaune pâle et les arbres sont encore feuillus et resplendissants.

Aujourd'hui, je regarde autour de moi et je vois la richesse de la vie qui bourdonne. Je ressens le calme qui vient avec le retour à la vie normale.

2 SEPTEMBRE

UN CŒUR GRACIEUX

«Les gestes gracieux sont à l'image de l'âme qui les conçoit, et font paraître plus léger le corps qui les exécute.»

— HERVÉ DESBOIS

La personne au cœur gracieux donne une touche de légèreté à tout ce qui l'entoure. La grâce est souvent reliée au domaine artistique. On parle de la grâce d'une danseuse, d'une sculpture ou d'un tableau dont le sujet est représenté avec grâce. Pourtant, gracieux se dit aussi d'une personne aimable. À l'origine, le mot signifiait d'ailleurs "qui témoigne de la bienveillance". On dit aussi qu'une chose est donnée à titre gracieux lorsque c'est fait gratuitement, de façon bénévole.

Aujourd'hui, je vois que la tolérance et la grâce me permettent de travailler et de côtoyer toutes sortes de gens et de leur manifester amitié et respect.

3 SEPTEMBRE

LES COMPLIMENTS

«Plusieurs d'entre nous sont encore victimes de la croyance au vieux mythe déprimant selon lequel il est dangereux de recevoir trop de compliments, que cela peut nous monter à la tête.»

— DAPHNE ROSE KINGMA

L'admiration est à la source des compliments. Lorsqu'on admire quelque chose, on y voit de la beauté et du charme. Il est facile de reconnaître des qualités supérieures dans les gens qui nous entourent. Alors pourquoi ne pas admirer et reconnaître les qualités dans les gens que nous aimons et qui partagent notre vie? En faisant des compliments sincères, on montre aux gens qu'on les admire et qu'on perçoit des qualités chez eux. Les compliments n'enflent pas la tête des gens. Les compliments viennent renforcer nos liens d'affection et de communication.

Aujourd'hui, je vois que je peux complimenter et que je peux recevoir des compliments.

4 SEPTEMBRE

LA FLAMME DE LA CRÉATIVITÉ

«Pour entretenir les flammes, nous devons être fidèle à nos propres idées, peu importe à quel point elles peuvent sembler étranges ou saugrenues. Nous sommes toutes des personnes créatives, il suffit de porter attention à nos rêves pour nous en convaincre.»

— SUE PATTON THOELE

Chaque personne a sa propre réalité, sa perception des choses, son point de vue et sa façon d'approcher chaque situation. De façon ultime, cela signifie que les possibilités de création sont infinies. La créativité ne se limite pas à l'expression artistique. On peut créer au niveau scientifique et technique, au niveau social et politique, de même qu'au niveau des relations humaines. De prime abord, nous sommes des êtres créatifs. Nous pouvons interpréter chaque situation. Nous pouvons œuvrer afin d'agencer notre vision du monde à notre style de vie, à nos relations et à notre profession. Il ne suffit pas d'accepter la réalité qui prévaut, on doit faire surgir notre impulsion créative dans le monde.

Aujourd'hui, je vis dans un monde de création et de créativité. Je peux faire ma part et vivre mes propres rêves.

5 SEPTEMBRE

VIEILLIR DANS LA JOIE

Nous savons que la majorité des gens ont peur de vieillir. Nous craignons de perdre notre vitalité, notre beauté, notre bien-être matériel, notre santé et notre bonheur. Les études menées auprès des femmes nous montrent qu'on peut vieillir avec joie et avec succès. Une étude menée par Jean Shinoda Bolen démontre que les femmes âgées entre soixante et soixante-dix ans vivant seules étaient les plus heureuses. Il s'agit peut-être d'envisager les acquis de l'âge d'or, plutôt que les pertes subies en cours de route. L'âge d'or signifie la possibilité d'être libre et de travailler à son propre rythme. Prendre de l'âge signifie prendre le temps de vivre et d'apprécier les choses et les êtres qui nous entourent. Cela peut aussi signifier le temps de s'occuper de soi-même. On peut vieillir avec joie et avec grâce.

Aujourd'hui, je vois que je peux vieillir positivement. Je centre mon attention sur les acquis et non sur les pertes associées l'âge d'or.

6 SEPTEMBRE

LE SENS DE LA VIE

«Les événements de notre vie se produisent successivement et leurs significations suivent un ordre qui leur est propre... c'est le fil continu de la révélation.»

— EUDORA WELTY

Nous oublions parfois que les événements de notre vie n'ont pour sens que la signification que nous leur accordons. Les événements n'ont pas de significations en soi. La preuve étant que deux personnes accorderont un sens complètement différent au même événement. Pour une personne, le départ des enfants de la maison signifie une grande libération. Pour une autre, cela signifie la perte et l'ennui. Étant donné que nous donnons nous-mêmes un sens aux événements, nous pouvons aussi imaginer que notre perception peut changer ou s'altérer. L'intensité des événements décroît avec le temps. Il s'agit parfois de simplement regarder une situation sous un autre angle pour en faire une toute nouvelle analyse, en dégager de nouvelles conclusions.

Aujourd'hui, je vois que c'est moi qui donne la signification aux événements de ma vie. Étant donné que je suis le créateur de sens, je peux sans doute modifier mes perceptions de certaines situations afin de réduire leurs emprises sur mes émotions.

7 SEPTEMBRE

VAINCRE LA SOUFFRANCE

«Le cœur humain ne reste pas éloigné très longtemps de ce qui a fait le plus mal. Peu d'entre nous sommes dispensées de retourner visiter l'angoisse de nouveau.»

— LILLIAN SMITH

Nous avons tous vécu des expériences qui nous ont marqués et qui conservent encore aujourd'hui une lourde charge émotionnelle, et ce, même après de nombreuses années. Comment pouvons-nous croire nous libérer un jour de l'étau de la souffrance? Ce que nous savons c'est que certaines personnes réussissent à vaincre la souffrance tandis que d'autres restent beaucoup plus longtemps attachés à la douleur des expériences passées. Certains facteurs peuvent être déterminants dans la guérison de maux passés: l'acceptation par le biais du pardon; le temps qui vient estomper progressivement le mal, et; la capacité de surmonter nos souffrances grâce à la détermination et à la décision consciente. Nous pouvons grandir au-delà de nos souffrances.

Aujourd'hui, j'accepte que la vie comporte un certain nombre d'expériences douloureuses. J'accueillerai cette douleur afin de pouvoir la dépasser.

8 SEPTEMBRE

LES EXIGENCES

«On distingue l'homme excellent de l'homme ordinaire en disant que le premier est celui qui a de grandes exigences envers lui-même alors que le dernier n'en n'a aucune.»

— JOSÉ ORTEGA Y GASSET

Les exigences que l'on s'impose sont des couteaux à deux tranchants. D'un côté, elles nous permettent d'évoluer, de grandir et d'apprendre. Ensuite, lorsqu'on n'atteint pas les exigences que l'on s'impose, on peut se sentir insatisfait voire frustré. Les exigences que l'on s'impose doivent correspondre à notre nature, à notre tempérament et à nos capacités. Elles doivent nous aider et non nuire à notre évolution personnelle. Ces critères de satisfaction doivent contribuer non seulement à notre croissance professionnelle et sociale mais doivent aussi contribuer à notre qualité de vie.

Aujourd'hui, je tends vers l'excellence sans oublier que je dois pouvoir vivre avec moi-même tous les jours.

9 SEPTEMBRE

LA JOIE D'EXISTER

«Vous deviendrez ce que vous connaîtrez. Et lorsque vous commencerez à connaître toutes les chose qui existent, vous deviendrez entièrement tout ce qu'elles sont, c'est-à-dire Dieu... la liberté illimitée et la joie d'exister.»

— RAMTHA

Faisons l'exercice de retourner aux sources. Bien avant le corps humain, bien avant la terre, bien avant l'univers, bien avant toute chose, il y a l'Être. L'Être ne demande qu'à être et puise toute sa joie dans l'existence, purement et simplement.

Aujourd'hui, je sais que je suis un être lumineux plein de joie et de jeux. Je joue parmi les étoiles.

10 SEPTEMBRE

SAVOIR

«Avec le temps, j'ai appris que je dois donner toute l'importance et toute la valeur à mon savoir profond. Je me suis rendu compte que la plus grande vérité c'est ce que je connais par la voie de mes expériences, de mes sens et de mon savoir, des êtres et du monde qui m'entourent. Il n'y a aucune vérité plus vitale et plus manifeste que le savoir qui émane de mon for intérieur. Je sais que je dois toujours être à l'écoute de moi, de mes sentiments et de mes perceptions. De cette façon, je me serai toujours fidèle, à moi et à mes principes.»

— Le bonheur - Un jour à la fois

Aujourd'hui, j'écoute mon cœur. Je sais que toutes les réponses à mes questions sont en moi. Je peux faire confiance à ma sagesse intérieure car elle ne ment pas.

11 SEPTEMBRE

LE PASSAGE

«Au lieu d'aborder des îles, je vogue donc vers le large où ne parvient que le bruit solitaire du cœur, pareil à celui du ressac. Rien ne dépérit, c'est moi qui m'éloigne, rassurons-nous. Le large, mais non le désert.»

— COLETTE

La mort est un sujet difficile pour bon nombre de gens. Ils entrevoient leur propre décès avec anxiété et une crainte profonde, un peu comme un plongeon dans l'inconnu. D'autres, ne craignent pas la mort. Ils envisagent leur propre décès comme un passage. Le passage vers une nouvelle vie ou une nouvelle forme de vie. Il est normal de craindre l'inconnu. Et l'idée de perdre son corps et toutes ses possessions matérielles peut être très anxiogène.

Il est aussi normal de croire qu'il y a une vie après la vie. Les plus grands prophètes nous ont confirmé que la mort du corps physique n'est pas la fin, mais un nouveau début. Et plus récemment, certains scientifiques qui ont étudié le phénomène de mort-réanimé ont documenté la persistance de la conscience après la mort physique.

Aujourd'hui, je vois que la mort est un passage vers un nouveau début.

12 SEPTEMBRE

COMPRENDRE L'AUTRE

«La capacité de compatir avec autrui est à la mesure de notre maturité émotionnelle. Être touché de compassion, cela nous permet de vérifier l'étendue de notre réalisation personnelle.»

— ARTHUR JERSILD

Chaque personne a ses propres perceptions. Chaque personne a sa propre réalité. Notre devoir est de bien comprendre et de bien cerner la réalité des personnes qui entrent dans notre vie. La base de la compassion c'est l'habileté à cerner l'autre et son univers tout en appréciant la nature de l'être auquel nous nous adressons. La communication peut seulement exister s'il y a une réalité commune entre deux individus. Il y a peut être seulement un petit nombre de personnes qui peuvent cerner notre réalité, mais nous avons comme mission de cerner la réalité de tous les gens qui entrent dans notre sphère d'existence.

Aujourd'hui, je me rends compte que j'ai la possibilité de cerner l'autre. Lorsque je prends le temps d'écouter et de comprendre, je peux agir avec compassion.

13 SEPTEMBRE

TOUS CES PETITS GESTES

«C'est dans l'insignifiant que se retrouve ce qu'il y a de plus important.»

— MOHANDAS GANDHI

Nous accomplissons une multitude d'actions anodines au cours d'une journée. Du moment où on se lève le matin jusqu'au moment où on se couche le soir, nous accomplissons des actions nécessaires mais qui n'ont aucune valeur existentielle: se brosser les dents, laver le plancher, faire le plein d'essence, payer le compte de téléphone, boire une tasse de café, plier et ranger les vêtements. Ces actions apparemment anodines font partie d'un ensemble et contribuent à la cohésion et au sens profond de nos vies même si on ne s'en rend pas compte.

Aujourd'hui, je prendrai plaisir à faire toutes ces petites choses qui contribuent à donner un sens à ma vie.

VOIR CE QU'IL Y A DE BON

«Rien n'est plus facile que de critiquer. La difficulté réside à convertir ce qui est négatif en positif.»

— WILL ROGERS

On va devoir commencer à se sentir personnellement concerné par ce qui se passe dans notre société. À présent, on élit un gouvernement au pouvoir et ensuite on passe notre temps à se plaindre qu'ils ne savent pas gouverner. On a tenté durant les trente dernières années de résoudre les problèmes sociaux en dépensant l'argent des contribuables. Mais tout le monde doit se rendre à l'évidence qu'on ne peut créer une société cohésive et prospère en prenant l'argent des travailleurs pour financer tous les autres. De moins en moins de gens veulent participer à ce genre de système. Chacun doit s'impliquer directement dans sa communauté et participer au fonctionnement de celle-ci.

Aujourd'hui, je regarde le monde autour de moi et je vois que je peux faire quelque chose pour aider.

BÂTIR DES RÉSERVES

Nos parents et nos grands-parents avaient bien cerné l'importance de faire des économies. Ils ont connu des temps très difficiles où l'on avait du mal à trouver de la nourriture et des vêtements. Ces générations ont été profondément marquées par la misère et la pauvreté de la Grande Dépression. Aujourd'hui, la société nous incite à "consommer aujourd'hui et payer demain". Dans ce processus d'accumulation de biens matériels et d'endettement, nous oublions parfois l'importance de faire des économies et de bâtir des réserves.

La vie de couple peut devenir beaucoup plus difficile si nous ne savons pas faire des économies et bâtir des réserves financières. Lorsqu'on est toujours au dernier centime, les imprévus peuvent rapidement nous plonger dans une situation de détresse financière. En bâtissant des réserves, on protège notre couple contre toutes les éventualités. Si notre partenaire perd son emploi, on peut plus facilement faire le pont. Si nous voulons entreprendre de nouveaux projets, les ressources seront disponibles en temps voulu.

Aujourd'hui, je comprends l'importance de faire des économies afin de conserver ma dignité et d'assurer mon indépendance pour l'avenir.

SE SENTIR BIEN DANS SA PEAU

Aujourd'hui, je laisse les rayons de lumière entrer dans mon cœur et je suis rempli d'amour et de tendresse. Cette tendresse est pour les autres, mais elle est aussi pour moi. Avec cet amour et cette tendresse, je m'accueille et je me pardonne toutes mes imperfections et toutes les erreurs que j'ai pu commettre consciemment ou inconsciemment.

Aujourd'hui, je me laisse vivre et je me permets d'être bien dans ma peau tout simplement. Je n'ai pas fait quelque chose de spécial pour mériter d'être bien dans ma peau. Je me permets d'être bien dans ma peau tout simplement parce que c'est correct et que Dieu le veut ainsi.

COMBLER SES BESOINS

Aujourd'hui, tous mes besoins seront comblés. Je laisse la lumière de mon être surgir et rayonner. La puissance incontestable de mes intentions fera le reste en attirant vers moi tout ce dont j'ai besoin pour grandir, pour apprendre et pour être heureux. Je suis un être lumineux qui tend naturellement vers la bonté et l'amour de Dieu.

Aujourd'hui, il n'y a aucune raison au monde qui devrait m'empêcher d'obtenir ce dont j'ai besoin.

RECOMMENCER

«Une personne pleine de vitalité ne se reconnaît pas à sa persévérance, mais dans sa capacité de toujours recommencer.»

— F. SCOTT FITZGERALD

La vie moderne est en constante mutation. Une personne peut s'attendre à changer d'emploi plusieurs fois dans sa vie. Elle sera appelée à déménager et peut-être même à changer de ville ou de pays. Les mariages à vie étant de plus en plus rares, elle sera susceptible d'être appelée à rebâtir sa vie affective, voire recommencer une nouvelle famille. Plus que jamais, un individu doit savoir faire face aux recommencements.

Le recommencement demande du temps, de la patience et surtout de l'énergie. On doit établir de nouveaux liens de communication, découvrir les exigences spécifiques de ces nouveaux contextes, et pourvoir y répondre afin de réussir.

Aujourd'hui, je vois que la vie est un éternel recommencement.

VOLER À HAUTE ALTITUDE

«Nous avons le choix entre voler à haute altitude dans une atmosphère d'optimisme, d'enthousiasme et de fébrilité, ou passer notre temps à nous morfondre au ras des pâquerettes. Les attitudes que nous adoptons reflètent-elles la pureté de l'atmosphère ou sont-elles congestionnées par la saleté de l'air de la rue? Chacun est libre d'adopter sa propre vision des choses. Si nous n'aimons pas ce que nous voyons, nous avons le courage et l'habileté d'en changer.»

— SUE PATTON THOELE

Lorsque l'individu écoute l'appel de l'Être supérieur, il accède à un niveau de savoir et de conscience plus élevé. Il puise aux sources même du discernement, la faculté propre au domaine subtil de l'esprit. Il peut connaître le monde au-delà des apparences, choisir selon des critères plus larges et tendre vers des buts plus grands. L'Être supérieur triomphe toujours car il exploite les vertus du cœur, de la bienveillance, de la bonté et de la compassion.

Aujourd'hui, je choisis la haute route. J'emploie mes facultés de discernement, de compassion et mon désir d'atteindre l'excellence, pour me guider et me propulser vers l'avant. Je suis un être qui croit aux vertus et à la justice. Je suis noble et grand. Aujourd'hui, je me rapproche de l'être supérieur dans mes pensées et dans mes actions.

20 SEPTEMBRE

JAMAIS TROP TARD POUR AIMER

«En réalité, le hasard représente un pour cent des bienfaits que nous recevons dans la vie, dans le travail et en amour. Les autres 99 pour cent sont dus à nos efforts.»

— PETER MCWILLIAMS

Aujourd'hui, je reconnais qu'il n'est jamais trop tard pour aimer. J'ouvre mon cœur à l'amour.

21 SEPTEMBRE

EXPÉRIMENTER AVEC SA PROPRE VIE

«Il ne peut y avoir changement et croissance véritable que lorsqu'une personne a décidé de jouer et a misé sur les risques à prendre pour changer sa vie.»

— HERBERT OTTO

Personne ne reçoit le manuel d'opérateur de la vie. Nous développons au cours de notre enfance et de notre vie de jeune adulte des principes qui peuvent ou non nous être utiles à l'avenir. Nous adoptons des valeurs, des attitudes et des considérations qui devraient nous aider dans cette grande expérience de la vie. Nous avons aussi notre intelligence et notre créativité qui nous aident à nous frayer un chemin vers le bonheur. Mais en dernier lieu, il n'existe pas de recettes magiques pour nous guider vers la sérénité et l'actualisation de soi. On doit employer toutes nos ressources et expérimenter avec la vie avant de trouver un *modus vivendi* définitif.

Aujourd'hui, je sais qu'il n'a pas de recettes magiques pour créer le bonheur. Je dois utiliser toutes mes ressources, toute mon intelligence et toute ma créativité afin de trouver les réponses que je cherche.

L'AVENTURE C'EST L'AUTRE

«J'ai fait un rêve dans lequel une femme me conduisait à mon cercueil après ma mort. Le cercueil était ouvert et je pouvais voir que mon squelette souriait. J'ai alors demandé pourquoi mon squelette souriait. Elle m'a dit parce qu'il avait vécu une vie heureuse. Je lui ai alors demandé comment pouvons-nous vivre une vie heureuse? Elle m'a répondu en traitant la vie comme une aventure. Je la questionnai davantage en lui demandant quelle genre d'aventures? Elle répondit tout simplement en disant: les gens!»

— STEVE MARTIN

La seule véritable aventure sur terre c'est l'aventure des relations humaines. Sans relations humaines, on ne vit pas. On doit se donner à nos relations. On doit être là à vouloir découvrir et contribuer à l'autre. Il n'y a que cela dans la vie. Tout le reste est accessoire.

Aujourd'hui, je développe et j'investis dans les relations humaines. Je vois que mes relations avec les autres sont ma seule richesse véritable.

Des idées fixes

«Un homme qui ne change jamais ses opinions est semblable à l'eau qui dort: il faut s'en méfier car généralement elle est infestée.»

— William Blake

Vous avez sans doute constaté que bon nombre d'individus développent des idées fixes. Ils ont développé des opinions et des considérations qui forment un bouclier solide autour d'eux. On sait d'avance comment ils réagiront aux idées nouvelles. Alors on n'ose pas leur proposer de nouvelles approches de peur d'être solidement congédié. Mais on voit que ces gens souffrent de leur manque d'ouverture. Ils répètent les mêmes erreurs et trouvent constamment les mêmes justifications pour leurs souffrances. De plus, on sent que derrière ce bouclier d'idées fixes, il y a un océan de confusion, d'incompréhension et d'idées fausses. Inutile de se battre contre des moulins à vent. Ces gens ne veulent pas changer et ne sont généralement pas heureux de voir autrui faire des progrès.

Aujourd'hui, je m'éloigne des personnes qui se cachent derrière un bouclier d'idées fixes.

L'ART DE LA CONSOLATION

«L'une de nos tâches les plus difficiles dans l'amour que nous ressentons en tant qu'êtres humains, c'est d'avoir à consoler. Consoler, c'est tenir compagnie, c'est s'unir à une autre personne dans des moments de souffrance. Consoler, c'est être prêt à pénétrer dans les profondeurs de la blessure. C'est participer à la peine d'une autre personne en lui tendant la main.»

— DAPHNE ROSE KINGMA

La relation de couple nous demande d'être présent et de comprendre l'autre. On doit pouvoir se mettre dans la peau de l'être cher et s'identifier à lui, à ses aspirations, à ses motifs, à ses craintes et à ses déceptions. Nous n'avons pas à devenir triste pour comprendre et apprécier la tristesse de l'être cher. Nous n'avons pas à souffrir pour bien cerner et appuyer l'être cher dans sa souffrance. Déjà, en tenant la main et en disant: "Je suis là pour toi mon amour, pour partager tes joies et tes souffrances," la barrière est à moitié franchie.

Aujourd'hui, je m'engage à être là pour l'être cher dans la joie comme dans la misère. Je suis l'épaule. Je suis la main. Et je suis l'échelle.

25 SEPTEMBRE

RÉPANDRE LE BONHEUR

«Le bonheur est un parfum que l'on ne peut répandre sur autrui sans en faire rejaillir quelques gouttes sur soi-même.»

— RALPH WALDO EMERSON

On peut répandre le bonheur ou on peut répandre le malheur. On voit que certaines personnes se donnent comme mission de répandre le malheur. Lorsqu'elles ont la chance de nuire à autrui, elles le font. Nous avons tous affronté le fonctionnaire frustré, le policier qui a quelque chose à prouver ou un patron qui veut nous remettre à notre place. Nous savons quel genre d'effet ces gens ont sur nous et sur les autres. On se sent mal compris, dévalorisé, frustré et injustement traité.

De la même façon, nous avons connu l'enseignante qui aime et encourage ses élèves, le mécanicien qui fait un peu plus que ce qu'on lui demande, et ce sans frais additionnels car il aime sa clientèle, ou l'épicier qui nous accueille avec un grand sourire et un beau bonjour. Ces gens répandent le bonheur. Ils attirent auprès d'eux des clients fidèles qui deviennent essentiellement des amis.

Aujourd'hui, je sème le bonheur autour de moi.

PRÉDICTIONS FATALES

«De toutes les prédictions qui se réalisent dans votre culture, la présomption selon laquelle la vieillesse signifie déclin et santé déficiente est probablement la plus fatale.»

— MARILYN FERGUSON

Aujourd'hui, je vois que ce que je crois est déterminant. Si je crois qu'avec les années je perdrai mon goût de la vie, mon enthousiasme et ma beauté, mes prédictions se réaliseront. Mais, si je crois qu'en vieillissant je deviens plus vital, plus grand et plus beau, il en sera ainsi. Mes croyances sont déterminantes.

27 SEPTEMBRE

LA SOURCE DE JOUVENCE

«Il n'importe guère que l'on soit belle; un beau visage change bientôt, mais une bonne conscience reste toujours bonne.»

— LA MARQUISE DE LAMBERT

Aujourd'hui, je sens que j'ai fini de lutter contre l'inévitable. Je sais que le temps agit sur moi et sur mon corps. Je ne résisterai pas à l'effet du temps. Je sais que ma vraie beauté fera toujours surface et que je serai toujours moi fondamentalement, malgré les rides, malgré les cheveux gris, malgré ma forme changeante. Aujourd'hui, j'accepte que la beauté physique est éphémère mais que la beauté de l'esprit reste à jamais.

28 SEPTEMBRE

CHAQUE EXPÉRIENCE EST VALABLE

«Ce n'est pas assez de faire des pas qui doivent un jour conduire au but, chaque pas doit être lui-même un but en même temps qu'il nous porte en avant.»

— GOETHE

Aujourd'hui, je m'intéresse au parcours. Je vois que chaque jour m'apporte des expériences qui contribuent au processus de croyance. Tous les événements peuvent être utilisés pour grandir. La vie m'offre les leçons que je dois apprendre.

29 SEPTEMBRE

MON ÉTOILE

«Vous trouverez une étoile pour éclairer votre chemin.»

Un cours de miracles

Aujourd'hui, j'ai la profonde conviction d'être guidé. Je sens que je ne suis pas seul dans ce trajet qui me mène vers la découverte de moi et du monde qui m'entoure. Je ne connais pas toutes les forces subtiles et aimantes qui éclairent mon chemin, mais je sens cette lumière au plus profond de moi, qui me guide chaque jour.

30 SEPTEMBRE

LE CÔTÉ ENSOLEILLÉ DU NUAGE

«S'il y a un cadeau qui vient avec la maladie du cancer c'est qu'on apprend à vivre chaque jour pleinement. Lorsqu'on apprend qu'on a le cancer, nos perceptions de la vie sont changées à jamais. Et pour vaincre le cancer, on doit vivre très sainement en vue de stopper la progression de la maladie. Il est dommage que l'on ait à subir un aussi grand choc pour commencer à bien s'occuper de soi et à apprécier chaque moment de chaque journée.»

— JACINTHE C.

Chaque expérience douloureuse apporte avec elle quelque chose de positif même si cela ne nous paraît pas évident. Il y a la souffrance, mais il y a aussi l'élan et la capacité de surmonter la souffrance. La condition humaine comporte de nombreux paradoxes. On doit parfois côtoyer la mort pour commencer à vraiment apprécier la vie.

Aujourd'hui, je vois que derrière chaque nuage gris, il y a une face ensoleillée.

1er OCTOBRE

ÉTABLIR DES LIENS

«Un individu ne peut vivre sans liens. Il a besoin de liens exclusifs, de liens partiels et de liens temporaires.»

— FRANÇOIS GARAGNON

L'humain cherche naturellement à établir des liens. Il cherche à établir des liens de communication et d'entraide afin de trouver protection, stimulation et prospérité. L'humain ne peut vivre sans établir des liens, sinon il s'éternise sur lui-même et se trouve tous les maux du monde. Il s'ennuie et il oublie le sens même de la vie. Nous, qui sommes en quête de croissance et de rayonnement, savons que les liens que nous tissons et que nous renforçons tous les jours sont à la base de notre expansion. Nous savons qu'il y un lien indéniable entre tous les êtres de cette planète. Nous savons que nous pouvons former des liens durables et nourrissants tout au long de notre vie.

Aujourd'hui, j'établis des liens. Je laisse de côté tous ces mécanismes qui me portent à fuir les relations humaines de peur d'être blessé et j'accepte d'être en relation. De cette façon j'ouvre mon cœur à la vie et je contribue à mon propre devenir.

2 OCTOBRE

SENTIR LES RAYONS CHAUDS

Aujourd'hui, je sens les rayons chauds du soleil d'automne sur ma peau et cela me rend heureux. Je sais que le temps s'est ralenti avec la venue de l'automne alors je prends le temps de marcher et de sentir la brise chaleureuse sur mon visage.

Aujourd'hui, je sens la brise chaleureuse sur mon visage.

LÂCHER PRISE

«Vient un temps où on aime de tout notre cœur et où on s'abandonne enfin. On donne tout ce qu'on peut, et on confie le reste à la puissance supérieure, à la nature et à l'univers.»

— RAM DASS ET PAUL GORMAN

Certaines expériences demandent à être vécues entièrement et sans réserve. Certaines relations demandent un investissement complet de notre part. Notre relation avec l'Être suprême est une relation totale qui demande un dévoilement complet. Lorsqu'on se donne complètement et sans réserve, on ouvre la porte à une expérience profonde qui mène inévitablement à la transformation.

Aujourd'hui, j'ouvre la porte à l'amour. Je suis enfin présent et disposé à me donner entièrement aux expériences importantes, aux relations intimes et à ma relation avec Dieu.

4 OCTOBRE

SE RESSOURCER

«Il y a en moi un lieu où je vis toute seule; c'est là que se renouvellent les sources qui ne se tarissent jamais.»

— PEARL BUCK

La vie nous demande d'être présent continuellement. Il y a les exigences du travail, de la famille, du couple et de l'entourage social. Ces exigences sont toujours là. Mais chacun doit trouver des mécanismes qui lui permettent de décrocher et de se ressourcer. Certaines personnes feront de longues balades, d'autres travailleront dans le jardin, d'autre méditeront et d'autres encore s'adonneront à la peinture ou à l'artisanat. Il est essentiel de pouvoir se recentrer sur soi et de retrouver sa tranquillité d'esprit.

Aujourd'hui, je me retire afin de me ressourcer. Je cherche mon calme intérieur. Je ne fuis pas mes responsabilités et les exigences de la vie. Je cherche plutôt à me ressourcer afin d'accueillir les exigences de la vie avec un plus grand calme intérieur.

5 OCTOBRE

VIVRE SUR LA CORDE RAIDE

Personne ne peut vivre sur une corde raide avec l'idée qu'un mauvais geste peut lui coûter sa vie. Les relations humaines doivent permettre à chacun de vivre et de s'exprimer librement. Cependant, beaucoup de gens vivent dans la crainte. Ils sont persuadés que s'ils s'expriment librement ou choisissent de faire quelque chose de leur propre chef, il se feront disputer et seront rejetés. Cette forme de relation ne correspond pas à une relation humaine mais plutôt à une forme de relation maître-esclave.

Aujourd'hui, je refuse de vivre sur la corde raide. Je dois pouvoir m'exprimer et vivre librement tous les jours. Si je vois que mon partenaire cherche à brimer mon libre choix, je fais en sorte de le rappeler à l'ordre. Une relation de couple est fondée sur la liberté de choix et d'expression.

6 OCTOBRE

L'AUTOMNE

«Un reste de soleil sur le seuil de la brume,
Une glu chaude encore à la pente des nues
Et l'automne vous prend dans ses pattes-pelues,
Feuilles couleur de sang, de sang couleur de plumes.»

— R.-L. GEERAERT

Aujourd'hui, j'accueille l'automne et le vent de changement qu'il m'apporte. L'automne est le temps des moissons. Le fruit est à maturité et doit être cueilli. Je me rends compte que moi aussi j'atteins la maturité et je dois vivre pleinement le présent.

7 OCTOBRE

LA QUALITÉ DE MES RELATIONS

«Chacun se dit ami: mais fou qui s'y repose;
Rien n'est plus commun que le nom,
Rien n'est plus rare que la chose.»

— JEAN DE LA FONTAINE

Notre qualité de vie est largement définie par la qualité de nos rapports humains. La qualité de nos relations peut être évaluée par le niveau de communication, par l'égalité des échanges, par le respect et l'affection qui y sont véhiculés. On doit s'assurer que les personnes qui partagent notre vie sont intègres et qu'elles désirent sincèrement contribuer à notre bien-être. C'est fondamental.

Aujourd'hui, lorsque je constate qu'une relation, qu'elle soit affective ou professionnelle, ne contribue pas à mon bien-être, je dois agir rapidement pour la remanier ou y mettre fin.

JE SUIS UN CHAÎNON VIVANT

«Nous sommes les chaînons vivants d'une force de vie qui se déplace et s'amuse en nous, autour de nous, en unissant les sols les plus profonds et les étoiles les plus éloignées.»

— ALAN CHADWICK

Nous sommes mus par une force de vie qui nous habite et qui anime notre corps. Cette force de vie est infiniment bonne et infiniment sage. Nous sommes cette force de vie et elle est nous. Nous sommes des êtres lumineux et grands. En chacun de nous se trouve cette force de vie, douce et pleine de compassion.

Aujourd'hui, je fais confiance à cette force de vie qui m'habite. Je sais que ma sagesse, mon inspiration et mon intuition émanent de cette force de vie qui m'habite et me lie à tous les êtres de cet univers. Je puise dans cette sagesse tous les jours. Et lorsque cette force de vie quittera mon corps, je ne craindrai rien car je sais que je le quitterai avec elle.

9 OCTOBRE

LA VIE DE JÉSUS JOUR APRÈS JOUR

«Soulevez la pierre, fendez le bois; où que ce soit, je suis là.»

— JÉSUS DE NAZARETH

Il n'est pas nécessaire d'être un fervent chrétien pour constater que la venue de Jésus sur terre a tout bouleversé. Jésus, ce vent de changement venu de l'est, a rempli nos vies d'espoir en nous enseignant que l'amour et la bienveillance primaient sur tout. Une analyse de ses testaments révèle qu'il a puisé dans les philosophies orientales et est venu illuminer l'ouest avec son message de paix et de miséricorde. Une philosophie religieuse et une pratique spirituelle fondées sur l'amour, le respect fraternel et la possibilité de Rédemption pour tous. Riches et pauvres étaient pour la première fois sur le même pied d'égalité devant Dieu, et devant leur propre conscience.

Aujourd'hui, je pense à la vie de Jésus et, je vois un homme qui nous a donné l'espoir et la possibilité de vivre plus près de Dieu.

L'AMÉLIORATION PERSONNELLE

«Je crois qu'on ne peut mieux vivre qu'en cherchant à devenir meilleur, ni plus agréablement qu'en ayant la pleine conscience de son amélioration.»

— SOCRATE

Lorsqu'on exerce un métier, on peut facilement constater l'amélioration de la qualité de notre travail. On voit avec le temps qu'on peut accomplir une tâche avec plus d'efficacité et plus d'assurance. Avec l'expérience, la pratique et le perfectionnement, on atteint un niveau d'assurance et de certitude par rapport à notre travail. L'observation, l'étude et la pratique ont servi à nous rendre maître d'un métier.

Au niveau du développement personnel, les améliorations ne sont pas toujours aussi facile à cerner. Cependant, on peut voir que nos relations sont plus harmonieuses, on peut communiquer avec plus d'aisance et de certitude et on se sent généralement plus sûr de nous. La vie se présente sous forme d'une aventure et nous sommes confiants que nous pouvons affronter les obstacles avec vitalité et assurance. On voit que notre style de vie résulte de choix conscients.

Aujourd'hui, je vois que je suis sur le chemin de l'amélioration personnelle. Je choisis de vivre consciemment et d'opter pour les choix qui me permettent d'évoluer tous les jours.

CHAQUE JOUR EST UN NOUVEAU DÉBUT

Aujourd'hui, je sais que chaque jour est un nouveau début. Hier, je me suis peut-être disputé ou j'ai peut-être vécu une déception. Mais la lueur d'une nouvelle journée vient de paraître et avec cette nouvelle journée viennent toutes sortes de possibilités. J'ai appris et j'apprends encore de mes erreurs. Je ne suis pas parfait, mais je m'améliore tous les jours.

Aujourd'hui, je sens que j'amorce un nouveau début et je vois un futur glorieux devant moi.

12 OCTOBRE

LES COULEURS DE L'AUTOMNE

Aujourd'hui, je suis émerveillé de voir les couleurs et de sentir les odeurs de l'automne. Je vois les arbres et les buissons d'où semblent jaillir des flammes de couleur rouge, orangée et jaune. On dirait que la nature livre sa dernière vaillante bataille avant de céder la place à l'hiver. La nature est plus tranquille, les mouvement plus lent, l'air est frais et je suis là. Je suis là parmi les couleurs, les odeurs et les sensations de l'automne.

Aujourd'hui, je suis là et je suis calme et serein.

13 OCTOBRE

SE RELEVER

«La victoire n'est pas de ne jamais tomber, mais bien la capacité de se relever chaque fois.»

— RALPH WALDO EMERSON

Tous ceux qui combattent et qui ont combattu une dépendance savent que la volonté, un effort et la persévérance sont nécessaires afin de se libérer. Il y a la période de sevrage où la dépendance conserve une emprise extrêmement puissante sur nous, où le corps et l'esprit tentent de nous convaincre d'y mettre fin. Ensuite, lorsque le pire des effets physiologiques est passé, on doit trouver une nouvelle façon d'être, de s'identifier et de se comporter. Le risque de rechute est encore très grand car on doit développer à court terme de nouveaux réflexes et un nouveau style de vie. Et finalement, lorsque tous les éléments sont en place pour nous permettre de vivre sans dépendance, on doit toujours se méfier des circonstances qui peuvent nous plonger dans l'ambivalence et la fausse sécurité. Lutter contre une dépendance est un combat important. Les risques de rechute sont toujours présents. L'important est de maintenir le cap quoi qu'il advienne.

Aujourd'hui, je comprends la puissance, la force des dépendances. Je demeure toujours vigilant afin de ne pas plonger dans l'enfer de la dépendance.

14 octobre

Trouver quelqu'un qui nous aime

«Aimer, ce n'est pas se regarder l'un l'autre, c'est regarder ensemble dans la même direction.»
— Antoine de Saint-Exupery

On entend toutes sortes de formules particulières en ce qui concerne l'amour et les relations de couple. Certains disent qu'on doit trouver quelqu'un qui nous aime plus qu'on ne l'aime. D'autres personnes disent que la relation de couple, c'est un partage d'amour: on doit aimer l'autre autant que cette personne nous aime. Parfois encore, on entend que si on aime trop, l'autre sera repoussé et aura tendance à vouloir nous exploiter, car on est trop épris pour être objectif. Toutes ces formules ne sont que des formules, des idées vagues qui n'ont pas de fondements dans la réalité objective. On ne peut pas mesurer le niveau d'amour et chaque personne vit sa relation amoureuse à sa façon.

Une chose est certaine, pour vivre une relation passionnée, on doit se sentir aimé, savoir qu'on aime vraiment et partager une réalité commune. Lorsque ces éléments sont en place, la relation peut progresser.

Aujourd'hui, je sens que tous les éléments sont en place. Je sais qu'il y a assez d'amour entre nous pour nous garder ensemble et nous donner l'élan dont on a besoin pour parcourir notre chemin.

15 OCTOBRE

SE PARDONNER D'ABORD

«Si vous ne vous êtes pas pardonné quelque chose, comment pouvez-vous pardonner aux autres?»

— DOLORES HUERTA

Aujourd'hui, j'accepte que j'ai fait des erreurs par le passé. J'accepte que je suis humain et que mes motifs n'ont pas toujours été des plus nobles. Maintenant, je vois plus clairement comment j'ai pu blesser autrui. Je comprends aussi que je dois me pardonner afin de poursuivre mon évolution. Aujourd'hui, j'accueille le chagrin et la culpabilité que je ressens et je me pardonne les offenses qui j'ai commises.

L'EXERCICE PHYSIQUE

«À lui seul, l'exercice procure des bienfaits physiques et émotionnels. Toutefois, si vous adoptez également une stratégie qui engage votre esprit pendant que vous faites de l'exercice, vous pourrez ressentir de nombreux bienfaits assez rapidement.»

— JAMES RIPPE

Plusieurs personnes adoptent la résolution de faire régulièrement de l'exercice. Cependant, très peu y parviennent. Car l'exercice demande de l'effort et de la volonté. On doit se discipliner afin d'intégrer le sport ou le conditionnement dans notre style de vie quotidien.

Plusieurs personnes se plaignent que le conditionnement physique est monotone et devient vite routinier. Elles abandonnent par manque d'intérêt et de stimulation. Mais certaines méthodes de conditionnement sont plus intéressantes que d'autres: une marche à la campagne est plus stimulante qu'une marche sur un tapis roulant; les sports d'équipe donnent place à des rencontres intéressantes; les sports compétitifs s'avèrent très stimulants. L'idée est de se mettre en forme et d'y trouver du plaisir.

Aujourd'hui, j'adopte un programme d'exercices basé sur la stimulation et le plaisir.

17 OCTOBRE

BONJOUR

«J'ai souvent eu l'impression que le moment même où l'on s'éveille le matin est le plus merveilleux de la journée.»

— MONICA BALDWIN

Aujourd'hui, j'accueille cette douce lumière. Je prends le temps de respirer l'air pur du matin et j'entrevois la journée avec joie et enthousiasme.

18 OCTOBRE

NOS ATTITUDES PEUVENT CHANGER

«Les être humains, en changeant les attitudes intérieures de leur esprit, peuvent transformer les aspects extérieurs de leur vie.»

— WILLIAM JAMES

Aujourd'hui, je comprends que c'est moi qui moule et qui façonne le monde qui m'entoure. Mes attitudes sont déterminantes. Si je crois que j'ai eu une belle vie et que je développe de belles relations; alors c'est en effet ce qui se réalisera. Lorsque j'y regarde de près, mes attitudes sont comme des prédictions qui doivent se réaliser. Aujourd'hui je suis maître de mes attitudes, je les rends positives.

19 OCTOBRE

PARLER À L'AUTRE

«Elle ne parlait pas aux gens comme s'ils étaient des coquilles étranges et dures qu'elle devait briser pour entrer à l'intérieur; elle leur parlait comme si elle était déjà dans la coquille. Dans leur propre coquille.»

— MARITA BONNER

Lorsqu'on analyse un peu la question de la communication interpersonnelle, on se rend compte qu'un bon nombre de personnes cherche à réduire les risques inhérents à la communication authentique. La communication est le seul moyen par lequel je peux rejoindre l'autre. S'il existe des barrières à la communication, on risque de ne pas rejoindre la cible et de ne pas faire passer le message. Une façon d'éviter ce problème est de s'adresser directement à l'individu et non à ses mécanismes de défense. On regarde l'autre dans les yeux, on transmet directement le message en utilisant le ton de voix et la vélocité nécessaire. Si le message ne passe pas, on le répète jusqu'au moment où on est certain que le message a été reçu et compris.

Aujourd'hui, j'utilise mes talents pour entrer en communication avec les êtres.

DÉSIRER

«On ne doit pas perdre ses désirs. Ce sont de puissants stimulants pour la créativité, l'amour et la longévité.»

— ALEXANDER A. BOGOMOLETZ

Chaque personne a un objet de désir. Certains voudraient trouver l'âme sœur. D'autres voudraient être à la tête d'une multinationale. D'autres encore voudraient vivre à la campagne pour pouvoir grandir en harmonie avec la nature. Nous pouvons utiliser nos désirs les plus profonds comme de puissants tremplins qui nous propulsent vers l'avant. Nos désirs nous poussent à l'action. Nos désirs nous poussent à sortir, à explorer et à découvrir.

Aujourd'hui, je vois que mes désirs me poussent vers l'action.

21 OCTOBRE

NÉGOCIER

La vie est une négociation perpétuelle. Chaque victoire, chaque gain, chaque relation et chaque chose qui vaut la peine d'être acquise résultent de négociations. La négociation est fondée sur la satisfaction de besoins mutuels ou complémentaires entre deux parties. Il y a toujours un élément de risque inhérent à la négociation, car il existe forcément des inégalités entre les parties. Parfois, ces inégalités sont à peine perceptibles, mais elles existent toujours. La négociation n'est pas fondée sur l'anéantissement de l'adversaire, mais sur la conviction que chaque partie doit trouver son compte. Même lorsqu'une partie possède la vaste majorité des atouts, elle doit consentir à accorder une victoire partielle à l'autre: la relation en dépend.

Aujourd'hui, je vois que je suis un négociateur. Chaque jour je dois négocier les conditions de mon existence. Je suis en relation avec d'autres et je dois leur consentir des victoires afin de préserver et de renforcer nos rapports.

Je choisi la proximité

«Je crois fermement qu'il y a autant de façons d'aimer, qu'il y a de personnes dans le monde et de journées dans les vies de celles-ci.»

— Mary S. Calderone

Aimer signifie vouloir être près de l'autre. Lorsqu'on aime, on admet qu'il existe un rapport entre nous et l'autre, qu'il existe une forme de proximité. On parle de proximité émotionnelle et non physique. Plus on se rapproche, plus la relation d'amour est intime voire même symbiotique. Parallèlement, plus on s'éloigne, plus la relation est accessoire et l'amour nonchalant.

Aujourd'hui, j'accepte la proximité de l'amour. J'accepte d'ouvrir mon cœur, ma vie et de me laisser aimer. J'accepte de faire les pas qui me rapprocheront de l'autre.

23 OCTOBRE

FAIRE FACE

«Faire face, toujours faire face, c'est le moyen de passer à travers. Faire face.»

— JOSEPH CONRAD

Aujourd'hui, j'ose voir les choses telles qu'elles sont. J'ose regarder les choses en face et reconnaître la vérité. Je me rends compte que tout ce qui vaut vraiment la peine dans cette vie résulte de mes efforts, de mon travail et de ma capacité de voir clairement. Aujourd'hui, je suis disposé à me frayer un chemin dans la vie en ayant les deux yeux ouverts et en refusant de compromettre ce qui est vrai pour moi.

24 OCTOBRE

NOS INQUIÉTUDES

«Si vos tracas vous aveuglent, vous ne pouvez pas voir la beauté du coucher de soleil.»

— KRISHNAMURTI

Nos inquiétudes peuvent nous emprisonner dans la peur et l'angoisse. L'inquiétude est une peur diffuse qui nous empêche d'agir et nous fait voir les pires scénarios. Nous sommes à la source de nos propres inquiétudes. Nous ne pouvons pas tout contrôler. Nous pouvons, cependant, adopter une attitude plus décontractée par rapport à la vie. Une attitude fondée sur l'acceptation de la réalité qui prévaut. Bien que nous ne puissions pas contrôler le déroulement de tous les événements de notre vie, nous pouvons contrôler nos réactions et nos attitudes face à l'inévitable.

Aujourd'hui, j'abandonne mes inquiétudes. Je n'ai pas à avoir peur de ce qui se produira demain. Demain, c'est demain. Aujourd'hui, je suis ici et je suis bien.

MORDRE DANS LA VIE

Aujourd'hui, je mords dans la vie. J'ai l'occasion de vivre pleinement et d'explorer toutes les possibilités que m'offre la vie. Je comprends maintenant que la vie n'est pas une pratique ou un sport de spectateur. On peut se réfugier dans cette idée pendant un certain temps mais, tôt ou tard, on devra la confronter. En prenant position maintenant et, en choisissant d'être vivant et présent, je me crée un destin formidable.

Aujourd'hui, je me donne l'occasion d'explorer toutes les possibilités que m'offre la vie.

26 OCTOBRE

DEUX CHEMINS

«Si on doit choisir entre deux chemins, on demande à Dieu une inspiration, une intuition ou une décision. Ensuite, on se détend sans se faire de soucis. Après avoir mis cela en pratique pendant un certain temps, on est surpris de voir que, bien souvent, les bonnes réponses s'imposent d'elles-mêmes.»

— BILL WILSON

Aujourd'hui, je sens que j'ai une ligne de communication directe avec Dieu. Il est mon allié et mon meilleur conseiller. Lorsque je fais face à une situation difficile, je lui demande de me prêter amour et conseils. Il murmure tout bas mais j'entends sa voix dans mon cœur. Elle me guide et me console. Aujourd'hui, je ne crains pas l'adversité et le doute, car Dieu est dans ma vie.

27 OCTOBRE

LIBÉRATION CONDITIONNELLE

«J'ai passé quatre ans et demi en dedans et je peux vous assurer que ce n'était pas une partie de plaisir. La vie en prison est très rude et très dangereuse. On doit toujours surveiller son dos car il y a toujours quelqu'un qui se ferait plaisir de nous rendre la vie misérable. Durant ce séjour en enfer, je me suis juré de ne plus jamais y retourner. J'ai eu tout le temps au monde pour comprendre comment je m'étais retrouvé dans une telle situation. Je me croyais au-dessus de la loi. J'avais décidé d'utiliser tous les moyens pour atteindre mes buts. Mais le prix était beaucoup trop élevé. Aujourd'hui, je suis le droit chemin car je sais ce qu'on réserve aux hors-la-loi. Au fond de moi, je serai toujours en libération conditionnelle.»

— ARMAND S.

Aujourd'hui, je sais qu'il n'y a pas de raccourci vers le succès et le bien-être matériel. Aujourd'hui, je sais que je dois respecter les autres membres de la société et que je dois mettre en place un code d'éthique qui assure mon bien-être et celui de tous ceux qui m'entourent.

SE MÉFIER DES APPARENCES

«Les choses sont rarement ce qu'elles semblent être; le lait écrémé se fait passer pour de la crème.»

— SIR WILLIAM SCHWENCK GILBERT

Lorsqu'on est engagé dans une démarche de développement personnel ou si on souffre émotionnellement, on cherche des réponses. Cependant, il faut être vigilant car la société est remplie de chamans, de faux prophètes et de gurus. Ils vous diront qu'ils ont trouvé les réponses et peuvent vous mener droit au ciel. On ne doit pas se laisser berner par ces charmeurs de serpents. Nous avons à notre disposition des ressources beaucoup plus sûres: notre sagesse intérieure alimentée par l'appui des personnes qui nous aiment, qui nous respectent, de même que les écrits de philosophies religieuses tel le Coran, la Bible, le Tao-Tsé-Ching, la Torah et le Talmud pour ne nommer que ceux-là.

Aujourd'hui, je suis à l'écoute de ma propre sagesse intérieure. Je ne laisserai personne manipuler ma soif de connaissance et d'inspiration.

GRANDIR AVEC LES AUTRES

Aujourd'hui, je sais que je ne peux pas grandir seul. Je dois inclure les autres dans mon cheminement personnel. En fait, les relations humaines sont à la base de mon développement personnel. Lorsque j'inclus les autres dans ma vie et que je leur fais profiter de tout ce que j'ai appris, je vois que je remplis ma mission. Pour moi, grandir c'est créer une plus grande place aux autres. Grandir, c'est être là pour les autres, accepter leur amour et leur appui.

Aujourd'hui, j'inclus les autres dans mon processus de transformation et de découverte.

Refaire ses énergies

«Au fond, je suis peut-être un ours ou un autre type d'animal qui hiberne, parce que j'ai en moi un instinct qui me pousse fortement à rester à moitié endormie tout l'hiver.»

— Anne Morrow Lindbergh

L'été est rempli d'actions et de mouvements. Lorsque l'automne arrive, on sent que l'énergie retourne dans la terre. Lorsque l'hiver approche, nos comportements portent vers la consolidation et la conservation. On cherche à dormir plus et on tend à vouloir rester plus près de la maison.

Aujourd'hui, je refais mes énergies. J'ai passé l'été à courir partout. Je cherche maintenant à retourner à mes racines afin de refaire le plein physiquement et mentalement.

31 OCTOBRE

SE FAIRE PLAISIR

«Lorsque je me suis rendue compte que les enfants étaient finalement partis pour de bon et que j'étais seule avec Bernard, j'ai été remplie d'un sentiment de panique. J'avais l'impression que ma vie n'avait plus de sens et que je tournais en rond. Je cherchais à refaire les gestes et à reproduire les petits rituels qui avaient toujours donné un sens à ma vie. J'ai dû mettre pluiseurs mois avant de décrocher et commencer à me rendre compte que je pouvais commencer à vivre pour moi à présent. La panique et l'inquiétude ont progressivement été remplacées par un nouveau sentiment de liberté et d'intimité personnelle. Je suis heureuse maintenant car je sais que je mérite de me faire plaisir.»

— LORRAINE P.

Aujourd'hui, je sais que je mérite de m'occuper de moi et de me faire plaisir. Je n'ai pas à passer ma journée à rendre tout le monde heureux. Je peux centrer mon attention sur mon bonheur.

Quelques moments de détente

Aujourd'hui, je m'accorde quelques moments de détentes. Je mérite bien de me dorloter un peu et de retrouver mon calme intérieur. Je peux faire la sieste pour me ressourcer. Je peux prendre une belle grande marche pour me changer les idées. Je peux prendre le temps de parler de choses et d'autres avec un ami. La vie n'est pas qu'une série infinie d'actions qui mène à un but. La vie est faite pour être vécue tout simplement.

Aujourd'hui, je m'accorde quelques moments.

2 NOVEMBRE

REVENIR À L'IMPORTANT

«L'enthousiasme, semblerait-il, est une chose qui dépend aussi bien de l'état des choses à l'intérieur, que de l'état des choses à l'extérieur et autour de nous.»

— CHARLOTTE BRONTË

On peut posséder toutes les choses au monde sans pour autant être heureux et en harmonie avec soi. Le monde matériel est un piège. On devient convaincu que l'accumulation de choses matérielles mène à la réalisation de soi. Il existe toute une structure qui nous pousse à accumuler, à dépenser et à consommer. On doit évidemment survivre et vivre dans des conditions agréables, mais la principale source de joie réside dans les relations humaines. Lorsque l'homme est en équilibre et en communication avec son environnement, il a tendance à grandir et à prospérer.

Aujourd'hui, je vois que ma joie émane de relations saines et ouvertes. Je vois que mon bien-être résulte en ma capacité de communiquer, de partager et de grandir avec les autres.

UN CHANGEMENT D'ORIENTATION

«Je m'attends à mourir, mais je ne planifie pas me retirer de la vie avant.»

— MARGARET MEAD

Plusieurs personnes entrevoient très négativement la retraite. Bien que l'on parle de la période où l'on peut enfin se reposer, profiter du temps libre et des fruits de son travail, pour plusieurs la retraite symbolise le retrait de la vie utile et une forme de préparation à la mort. Nous savons tous que nous allons mourir, mais nul ne veut vivre avec le sentiment de ne plus être utile. Même si nous devons envisager la retraite de notre travail officiel, nous pouvons développer un "plan de travail" pour la retraite. Certains peuvent choisir de démarrer un commerce, d'autres peuvent continuer à remplir des fonctions de consultant, d'autres encore peuvent se porter bénévoles pour la communauté. L'idée est de rester actif et de se sentir utile aussi longtemps que possible car le travail nous confère vitalité et estime de soi.

Aujourd'hui, je vois la retraite comme un changement d'orientation. Je n'ai pas l'intention de me retirer de la vie, mais peut être de redéfinir mes fonctions et mon rythme de vie.

4 NOVEMBRE

LA SOBRIÉTÉ

«Généralement, quand on sent qu'on a touché le fond, c'est émotionnellement que cela se voit en premier. Mais lorsqu'on touche le fond, on traverse une porte qui donne sur un monde nouveau, celui du royaume de la vérité spirituelle. Ce n'est qu'en tâtonnant dans l'obscurité complète qu'on pourra émerger à la lumière.»

— SHAKTI GAWAIN

Aujourd'hui, je vis de façon sobre et équilibrée. J'ai connu l'excès, l'ivresse et la dégradation. J'ai connu la solitude, la déception et le mensonge. J'ai connu la pauvreté et la misère. Aujourd'hui, je choisis de vivre en pleine possession de mes moyens avec toute la lucidité et toute la sobriété dont je suis capable.

Rire un peu

On a découvert récemment que le rire peut être thérapeutique. Il n'est pas facile d'aborder la maladie, les échecs, la peur et la confusion en riant. Lorsqu'on se sent accablé, on n'a pas le goût de rire. On peut cependant se tourner vers l'humour. On peut passer du temps avec des copains qui ont le rire facile. On peut aller voir des films humoristiques et lire des bandes dessinées. L'humour et le rire exposent le côté plus léger des choses et des événements. Ce temps de détente pourrait nous amener à découvrir de nouvelles façons de voir la vie.

Aujourd'hui, je me donne la permission de rire. Aujourd'hui, je suis à la recherche de l'humour. En riant et en faisant rire les gens autour de moi, je deviens plus léger.

6 NOVEMBRE

ACHEVER UN PROJET

«Nous commençons à comprendre que l'achèvement d'un projet important doit tout naturellement être suivi d'un processus de deuil. Une chose qui vous a demandé le meilleur de vous-même a pris fin. Elle vous manquera.»

— ANNE WILSON SCHAEF

La vie est composée de cycles. Chaque cycle a un début, un milieu et une fin. Au début d'un cycle, on doit employer beaucoup d'énergie et d'intention pour assurer le démarrage et la bonne orientation du projet. Ensuite, lorsque nous avons pris notre envolée, notre énergie doit être employée pour guider et orienter. Cependant, chaque cycle doit avoir une fin. Avec la fin, vient la joie de compléter un projet ou de réaliser un rêve et la tristesse de mettre fin à un trajet particulier.

Aujourd'hui, je sais que chaque cycle a une fin. Je me réjouis de savoir qu'avec chaque fin vient un nouveau début.

AUJOURD'HUI JE ME RÉJOUIS

Aujourd'hui, je me réjouis d'être la personne que je suis. J'ai dû faire face à de nombreuses épreuves mais, somme toute, je suis heureux d'avoir persévéré. Je vois que la vie m'a enseigné des leçons importantes et m'a poussé à développer toutes sortes d'habiletés et de ressources.

Aujourd'hui, je suis plus fort et plus sage qu'hier et j'ai l'intention de poursuivre mon développement dans tous ses aspects.

8 NOVEMBRE

TOUCHER LES ÉTOILES

«L'imagination est le commencement de la création. On imagine ce que l'on désire, on veut ce que l'on imagine, et finalement on crée ce que l'on veut.»

— GEORGE BERNARD SHAW

Aujourd'hui, j'ai l'impression que je pourrais toucher aux étoiles. J'imagine comment ma vie sera demain et je vois de bonnes choses. Je vois de l'amour et de la sérénité. Je vois des relations riches en partage et en communication. Chaque jour, je me vois grandir et prendre de plus en plus d'assurance. Je ne retournerai pas en arrière car je vois un futur glorieux devant moi.

SE DÉFAIRE D'UNE FAUSSE IMAGE

«Lorsque j'étais jeune, j'aimais beaucoup rigoler et faire rigoler les copains. Bien entendu, je ne développais pas l'estime des figures d'autorité qui me faisaient comprendre que je n'étais pas brillant. Avec les années, j'ai développé une image négative de moi. Je me percevais comme étant moins intelligent que les autres et je sentais que mes efforts pour m'améliorer seraient accueillis par le mépris et l'échec. J'avais abandonné l'idée d'une vie intéressante lorsque j'ai fait la connaissance de Marc. Marc était un fonceur. Il n'aimait pas les étiquettes. Il était persuadé qu'il pouvait faire ce qu'il voulait dans la vie à condition de travailler et de rester fidèle à ses idéaux. À force de le côtoyer, j'ai senti que mes propres perceptions changeaient. J'ai décidé de m'inscrire aux cours du soir et de compléter mes études. Progressivement, je me suis libéré de cette fausse image que j'avais de moi. Aujourd'hui, je sais que je suis tout aussi brillant et tout aussi capable de réussir que les autres.»

— STEPHANE L.

Aujourd'hui, je sais que l'image que j'ai de moi est déterminante. Je sais aussi que cette image a été développée pendant une longue période et résulte partiellement de l'image que les autres m'ont renvoyée. Je sais aussi que je peux améliorer et changer cette image négative que j'ai de moi. Si mon image ne correspond pas à mes aspirations et m'empêche de grandir, je dois la modifier ou m'en défaire.

10 NOVEMBRE

UN JOUR À LA FOIS

«D'habitude, une personne qui réussit une tâche fixe son prochain objectif un peu plus haut que sa dernière réalisation, mais pas trop. De cette façon, elle augmente constamment son niveau d'aspiration.»

— KURT LEWIN

Il est souvent très utile d'entreprendre une démarche graduelle face à nos projets de vie. Les changements hâtifs peuvent venir brusquer les choses et créer le chaos plutôt que résoudre des problèmes. Certains problèmes demandent une approche plus agressive. Cependant, on peut y aller étape par étape en surveillant de près les résultats de chaque action. L'idée est d'améliorer les choses tout en préservant et renforçant son harmonie intérieure.

Aujourd'hui, j'utilise une approche graduelle face aux problèmes et aux projets de la vie. Je n'ai pas à tout bouleverser pour grandir et pour faire des changements. Je peux y aller une étape à la fois afin de bien orienter mon action.

11 NOVEMBRE

LES MESSAGERS DE L'AMOUR

«Bénis soient ceux qui nous guérissent de notre mépris envers nous-mêmes. De tous les services qu'on peut rendre à l'homme, je n'en connais pas de plus précieux.»

— WILLIAM HALE WHITE

Aujourd'hui, je suis rempli de gratitude. J'ai eu la chance inouïe de rencontrer des gens qui m'ont aimé malgré moi. Ils m'ont montré le chemin de l'estime et du respect de soi. Même lorsque j'étais déchu, Dieu m'a toujours envoyé un messager du bonheur pour m'aider à comprendre la puissance de l'amour. À présent, je m'aime avec plus de tendresse et de compassion, mais cela n'a pas toujours été ainsi. Alors, je suis rempli de gratitude car j'ai retrouvé mon amour propre. C'est maintenant à mon tour de devenir un messager du bonheur, un envoyé de Dieu.

12 NOVEMBRE

ÊTRE OU SUBIR

«Le principe de croissance le plus puissant réside dans le choix humain.»

— GEORGE ELIOT

Un grand nombre de personnes vivent avec la fausse certitude qu'ils sont des victimes; victimes des circonstances, des événements, de la maladie, de la pauvreté, de l'injustice sociale et économique. C'est très facile de se percevoir comme une victime et de se persuader que des conditions extérieures déterminent son sort. Cependant, grandir signifie choisir et, choisir signifie accepter les conséquences de ses choix. Alors le choix est simple: on peut choisir ou être victime.

Aujourd'hui, je vois que ce sont mes choix qui déterminent les circonstances spécifiques de ma vie. Je suis l'ultime responsable de mon bonheur.

Guérir avec l'amour

«L'amour est le plus grand pouvoir de guérison qui soit. Il a une longueur d'avance sur les miracles de la médecine moderne, la magie des remèdes anciens, les livres que nous lisons, nos pensées et nos paroles, bien que toutes ces choses puissent avoir un effet puissant sur nous.»

— Daphne Rose Kingma

Lorsqu'une mère amène un bouillon de poulet chaud à son enfant qui a la grippe, est-ce le bouillon de poulet qui exerce un pouvoir curatif sur l'enfant ou l'attention que lui porte sa mère? L'amour est un baume puissant qui soulage les peines, rend la douleur plus endurable et nous fournit une motivation profonde de guérir. L'amour est une énergie vitale qui nous protège et nous emplit de force et de vitalité.

Aujourd'hui, je trouve ma force et mon courage dans l'amour. J'accepte volontiers l'amour qui est porté envers moi et j'aime car je sais que l'amour peut tout vaincre.

Pourquoi grandir

«Avant de prendre la route, le voyageur doit posséder des intérêts déterminés que le voyage peut servir.»

— George Santayana

Pourquoi voudrait-on grandir? Pourquoi voudrait-on dépasser nos limites initiales? Pourquoi chercherait-on à élargir notre vision du monde, apprendre à pardonner, à être plus dévoué et plus patient? La réponse à ces questions est fort simple: il n'y aucune autre poursuite plus noble. Nous cheminons vers la sérénité, le bonheur et l'amour. Nous cherchons la vérité et nous cherchons à découvrir qui nous sommes véritablement.

Aujourd'hui, je suis en pleine transformation. Je me connais mieux qu'hier. Et, au fur et à mesure que je grandis, ma vie se transforme en une merveilleuse aventure.

PRENDRE DES RISQUES CALCULÉS

«Prendre des risques calculés, voilà qui est différent d'être impulsif ou audacieux.»

— GEORGE PATTON

Prendre un risque calculé signifie tout risquer en sachant que les possibilités d'échec sont limitées. Lorsqu'on entreprend une nouvelle aventure, on sait qu'il y a des risques inhérents. Cependant, nous pouvons cerner les risques au préalable et orienter notre action en conséquence. Nous prenons des risques calculés tous les jours. Conduire une voiture, prendre un train, s'envoler en avion, devenir amoureux, voilà des exemples de risques calculés. On choisit de les prendre parce qu'on estime que les récompenses de l'action sont plus grandes que les risques d'échecs ou de blessures.

Aujourd'hui, je sais que je dois prendre des risques tous les jours. Je peux cependant me faire confiance car je sais évaluer les risques et je sais assumer les conséquences de mes actions.

La magie du moment

«Si vous prenez une fleur dans votre main et la regardez vraiment, cette fleur devient votre monde pour un moment.»

— Georgia O'Keeffe

En réalité, il n'y a qu'un moment: l'instant présent. Si on le gaspille à penser à demain ou à hier, il s'évapore rapidement et disparaît à jamais. Pourquoi ne pas arriver ici et maintenant à vivre ce précieux moment? Nous pouvons utiliser notre pouvoir de concentration pour apparaître dans l'instant présent. Au moment où l'on apparaît dans le présent, tout change. Évidemment, en étant présent nous courons le risque d'être touché directement. Nos perceptions sont totalement éveillées et nos sentiments réceptifs. Nos relations sont plus vivantes et plus stimulantes. Nous pouvons savourer nos aliments et sentir les parfums autour de nous. Nous pouvons voir toute la beauté du monde en étant présent.

Aujourd'hui, je vois que les plus grands plaisirs de la vie se vivent dans l'instant présent. Alors, je prends la décision d'être présent ici et maintenant.

17 NOVEMBRE

J'UTILISE MES SENS

Aujourd'hui, je prends plaisir à utiliser mes sens. Je regarde, j'écoute, je sens, je touche et je goûte. Mes sens me permettent d'établir un lien avec le monde physique et le monde subtil. Je suis à l'écoute de mes propres sens et je leur donne raison. Ils m'informent et me font connaître le monde.

Aujourd'hui, je suis à l'écoute de mes propres sens.

La domination de l'amour

Sous le prétexte de l'amour, l'humain cherche parfois à contrôler et à dominer. Les exemples de cette forme de domination sont multiples: le mari envers son épouse; la femme envers son compagnon; les parents voulant garder leurs enfants sous leur emprise; les parents qui deviennent les victimes du chantage de leurs enfants, etc. Évidemment, ceci n'est pas de l'amour mais quelque chose de beaucoup plus mesquin. L'amour est utilisé comme un prétexte pour camoufler nos faiblesses et nos dépendances émotives.

Cette forme de relation à double message est très déroutante pour l'être: il entend «Je t'aime» mais doit endurer des expériences douloureuses. Il peut en arriver à croire que l'amour doit être cruel, contrôlant et pénible. L'amour véritable est fondé sur la liberté, le respect et le désir sincère de contribuer à l'enrichissement de l'autre. Je n'accepte pas d'être contrôlé ou dominé au nom de l'amour. Je n'accepte pas le chantage qui voudrait que l'amour puisse être retiré.

Aujourd'hui, j'offre mon amour sans condition et j'évite les relations qui me briment au nom de l'amour.

REGARDER PAR LA FENÊTRE

«Juste quand nous commençons à sentir que nous saurions quoi faire de notre temps, il ne nous en reste plus.»

— LISA ALTHER

Lorsque les journées se refroidissent, on est plus souvent à l'intérieur, au chaud. La vie est plus tranquille. On passe des soirées à la maison en lisant, en regardant la télé, en parlant à des amis au téléphone. L'hiver est un temps de repos et un temps pour se ressourcer. Durant l'hiver, on peut plus facilement prendre nos distances et être seul avec nos pensées. Par contre, même si tout semble au ralenti, il y a du mouvement. C'est le mouvement de l'évolution intérieure. On peut assimiler les choses et en tirer des conclusions durables. On fait des plans et on imagine le futur que l'on veut se créer. Il reste seulement les relations importantes, les choses importantes et le rapport qu'on a avec soi.

Aujourd'hui, j'accueille le vent du nord qui refroidit les ardeurs et semble ralentir le temps. Je prendrai ces moments de répit pour m'accueillir et me réchauffer l'esprit.

20 NOVEMBRE

LA MAÎTRISE DU TEMPS

«Allez lentement, respirez et souriez.»
— THICH NHAT HANH

Le temps est quelque chose de malléable sur lequel nous pouvons avoir une influence déterminante. Il est pas nécessaire qu'il soit le maître de notre vie car ce n'est après tout qu'un système de mesure. Mais tandis que l'on avance en âge, on a l'impression que le temps devient, en quelque sorte, notre ennemi. On a l'impression que le temps nous cherche, nous poursuit et nous talonne sans cesse. Et on vit avec la certitude que le temps nous rattrapera tôt ou tard et qu'à ce moment, ce sera la fin.

Le temps est un système de mesure. Il mesure l'évolution des choses dans l'espace. Ce n'est pas le temps qui nous envahit mais la notion que l'on a du temps, notre crainte de la mort, notre peur de ne pas avoir assez aimé, notre peur de ne pas pouvoir réaliser tous nos rêves, notre confusion et notre incertitude face à l'après-vie. Voilà ce qui nous poursuit vraiment. Le temps n'est qu'un système de mesure. En maîtrisant nos craintes, nous pouvons maîtriser le temps. En vivant avec la certitude que l'être persiste, le temporalité des choses prend plus d'importance.

Aujourd'hui, j'accueille le passage du temps comme j'accueille les saisons. Les choses matérielles sont appelées à périr mais l'homme perdure.

NOTRE APPARENCE PHYSIQUE

«Après avoir vécu plusieurs années avec le sentiment que la vie était une lutte perpétuelle dont je ne pouvais sortir gagnant, je me suis rendu compte de ce qui m'arrêtait. Je n'aimais pas mon apparence physique. Cette prise de conscience fut pour moi un véritable choc. Je voyais comment j'avais lutté toute ma vie avec ce handicap inconscient. Je n'aimais pas mon apparence physique et j'avais tout ce temps refusé de l'admettre. J'aurais voulu que Dieu m'ait créé plus beau. J'étais prisonnier de ce corps que je n'avais pas choisi. J'ai demandé à Dieu de le reprendre et de m'en donner un nouveau, plus beau, plus attrayant, quand un jour j'ai compris que ce n'était pas mon corps mais moi qui devais changer. Cette profonde prise de conscience a chamboulé ma vie à jamais. Dorénavant, mon apparence physique a perdu toute son importance.»

— YVES D.

Aujourd'hui, je comprends comment les choses que je refuse d'affronter peuvent me posséder. Et lorsque je confronte mes démons, ils perdent tout leur pouvoir sur ma vie.

SAUVER MON ÂME

«Lorsque j'étais jeune j'entendais souvent dire que les gens (et surtout les catholiques) avaient une âme. Dans mon imagination d'enfant, je voyais au milieu de mon thorax ce qui ressemblait à un os transparent. C'était l'image que je me faisais de mon âme à ce moment-là. Lorsque je commettais un péché, mon âme (mon os transparent) s'obscurcissait. Et lorsque je partageais mes péchés, en me confessant, mon âme retrouvait toute sa transparence. J'avais aussi compris que mon âme venait de Dieu et ultimement lui appartenait. Il avait été assez généreux pour me prêter une âme et une conscience pour me guider.

Plusieurs années plus tard, suite à de nombreuses expériences et diverses prises de conscience de nature spirituelle, je me suis rendu compte que mon âme n'était pas une possession mais une dimension spirituelle. Voilà où se situe toute la différence entre l'avoir et l'être. Au moment où j'ai compris cela, j'ai senti un faisceau lumineux me traverser. J'étais enfin libre d'une fausse notion qui avait nuit à ma croissance spirituelle tout au long de ma vie.»

— CLAUDE P.

Aujourd'hui, je sais que je suis un être spirituel.

23 NOVEMBRE

DROIT À L'INDIVIDUALITÉ

Nous avons finalement gagné le droit à l'individualité. Lorsque nous regardons autour, nous voyons que l'individualité prend des formes très variées voire parfois extrêmes. En quelques trente années nous sommes passés de la conformité à l'individualité totale. Ce phénomène comporte un avantage et un inconvénient: nous sommes finalement libres d'exprimer notre individualité et notre originalité sans crainte d'être persécutés, mais la société a perdu sa cohésion fondamentale au niveau des comportements et des valeurs. Nous devons peut être garder à l'esprit que l'individualité, base de la liberté d'expression et de la croissance personnelle, doit se manifester dans le respect des droits et libertés d'autrui.

Aujourd'hui, je suis heureux d'être moi-même. Je désire fonder des relations profondes et durables alors je n'utiliserai pas mon individualité pour créer des barrières insurmontables entre les autres et moi-même.

24 NOVEMBRE

LIBRE DE CRÉER

«Une des raisons pour lesquelles je ne bois pas est que j'aime savoir quand j'ai du plaisir.»

— NANCY ASTOR

La maturité apporte un plaisir certain: le droit de définir son propre style de vie. Lorsqu'on a vingt ans, on veut désespérément être accepté par les autres, faire partie du groupe. À trente ans, on fait définitivement partie du groupe et on commence à définir ses valeurs et ses mœurs. À quarante ans, notre participation au groupe a perdu une part de son importance et nous devenons plus libres d'être nous-mêmes et de créer un style de vie qui nous convient. La maturité nous permet de vivre avec un certain détachement. Nos besoins d'acceptation sont moins grands et nous pouvons vivre entièrement selon nos désirs et nos convictions.

Aujourd'hui, je suis libre de vivre selon mes désirs et mes convictions.

25 NOVEMBRE

AUJOURD'HUI JE FERAI DE MON MIEUX

Aujourd'hui, je sais que la perfection n'existe pas. Je peux tendre vers la perfection et faire de mon mieux. Je peux me satisfaire d'un travail bien accompli sans me tourmenter à savoir si j'aurais pu faire mieux.

Aujourd'hui, je laisse la perfection aux autres, j'accepte la qualité et l'intensité de l'effort que je peux fournir.

26 NOVEMBRE

LA FORMULE MAGIQUE

«Nous sommes toujours à la recherche de la formule rédemptrice, de la pensée cristallisante.»
— ETTY HILLESUM

Aujourd'hui, je sais qu'il n'existe pas de chemin magique qui mène à la réalisation de soi. Il existe un travail d'amour soutenu fondé sur l'honnêteté et la persévérance, le courage de surmonter les barrières, de dépasser les souffrances; la conviction que je ne suis pas seul, que je peux compter sur l'aide de Dieu et de certains amis loyaux. Il n'existe pas de formules magiques qui font disparaître les souffrances et abrègent les étapes. Grandir c'est devenir plus conscient et plus apte. Ce projet demande travail, patience et endurance.

UNE QUESTION DE PERSPECTIVE

«Le changement a un effet considérable sur l'esprit humain. Pour la personne craintive, il est menaçant parce qu'il signifie que les choses peuvent empirer. Pour la personne optimiste, il est encourageant parce qu'il signifie que les choses peuvent s'améliorer. Pour la personne confiante, il est stimulant, parce que le défi existe pour rendre les choses meilleures.»

— KING WHITNEY, JR

Aujourd'hui, je vois le changement d'un point de vue optimiste. Je vois que tout change et que je ne serai pas épargné. Je m'abandonne à mes peurs et tente de résister au changement mais je sais que je ne serai pas heureux en faisant cela. Cependant, je peux surmonter mes peurs, accueillir le changement et l'orienter. En étant pleinement présent et en initiant les changements, je suis maître de mon destin.

28 NOVEMBRE

UN TRAVAIL D'AMOUR

«Dire quelque chose de bien sur soi est la chose la plus difficile à faire au monde. Certaines personnes préféreraient enlever leurs vêtements.»

— NANCY FRIDAY

Aujourd'hui, je reconnais que je dois accomplir un travail d'amour. La première étape est de m'accueillir et de m'aimer. Je ne perçois plus l'amour-propre comme étant de la vanité mais plutôt de la reconnaissance. Je suis mon meilleur ami, mon meilleur allié. Je dois pouvoir me féliciter pour un travail bien accompli, reconnaître et complimenter mes qualités.

Aujourd'hui, je suis digne d'estime et d'amour-propre.

FERMER LA PORTE AUX IDÉES NÉGATIVES

Aujourd'hui, je n'accepte ni les commentaires ni les idées négatives. Je vois comment la critique et les pensées négatives peuvent me décourager et me déprimer. Alors, je refuse de laisser les gens en déverser sur moi tout comme je refuse d'en être l'instigateur.

Aujourd'hui, je ferme la porte aux pensées et aux attitudes négatives.

30 NOVEMBRE

SE LAISSER AIMER

«En demandant ce dont vous avez besoin, vous révélez votre fragilité d'être humain et vous invitez la personne que vous aimez à partager la sienne. La réaction à une demande formulée accorde non seulement à la personne qui a besoin d'aide le plaisir de voir son besoin comblé, mais apporte aussi à celle qui donne, le sentiment qu'elle est efficace et qu'elle sait donner du bonheur. En de tels moments, vous avez tous les deux l'occasion de partager votre amour et votre humanité.»

— DAPHNE ROSE KINGMA

La vulnérabilité ne nous a pas toujours semblé être une qualité souhaitable. On sait qu'en étant vulnérable, on peut être blessé. On expose nos limites et nos faiblesses; on peut être victime de l'autre. Voilà pourquoi, plusieurs d'entre nous ont appris qu'ils ne devaient pas être vulnérables. Cependant, il y a un autre côté à la vulnérabilité: la capacité de demander de l'aide et de l'amour et la possibilité de recevoir. Dans ce sens, la vulnérabilité ressemble plus à de l'ouverture et de la réceptivité.

Aujourd'hui, je prépare mon cœur à donner et à recevoir l'amour. J'ai toujours trouvé plus facile d'aimer que de me laisser aimer. Il me semblait que de cette façon, je pouvais garder la maîtrise de la situation. Mais à présent, je m'aperçois que cette approche ne fonctionne pas. Aujourd'hui, j'ouvre la porte à l'autre.

Le vernis social

«J'ai toujours cru que dans les moments de stress intense, comme peuvent l'être quatre jours de vacances, le mince vernis de l'unité familiale disparaît presque instantanément et chacun se révèle sous son vrai jour.»

— Shirley Jackson

On se rend compte parfois que le vernis social est mince. Les gens, dans un contexte normal, peuvent paraître tout à fait sociables et sympathiques. Les contextes de stress, de compétition ou de difficulté ont tendance à faire fondre les masques et à exposer au grand jour les motifs et les attitudes réelles des gens. C'est pourquoi on peut compter seulement quelques précieux individus dans notre cercle d'amis intimes. Nos vrais amis nous ont montré leurs vraies couleurs. On les a vus dans toutes les situations et ils ont réussi à faire preuve d'amour véritable et de compassion malgré tout.

Aujourd'hui, je vois que les relations humaines sont recouvertes d'un vernis social. Je dois être en mesure de bien cerner les personnes dans mon entourage malgré les apparences et les prétentions.

2 DÉCEMBRE

LA DOUCE ÉVASION

«Quand de sombres pensées m'assaillent, rien ne m'aide davantage que de courir vers mes livres. Ils m'absorbent rapidement et dissipent les nuages de mon esprit.»

— MICHEL EYQUEM DE MONTAIGNE

Aujourd'hui, je me retire afin de prendre mon souffle et me reposer. Emmitouflé près d'un foyer avec une douce musique, je m'évaderai dans mes pensées. Je peux regarder de vieilles photos, lire un livre, voir un film à la télé ou tout simplement regarder par la fenêtre. Ces moments de détente en ma seule compagnie passent si tranquillement et si doucement que j'ai l'impression que le temps s'arrête.

Aujourd'hui, je m'évade même si ce n'est que pour quelques heures.

SAGESSE ANCESTRALE

«Le passé, le présent et l'avenir; l'histoire de nos ancêtres tout comme celle de notre mort; en un moment, tout est écrit, tout est vécu.»

— LINDA HOGAN

Nous sommes plus que la somme de nos expériences. Chaque individu a potentiellement accès à un vaste réservoir de sagesse qui est plus large et plus profond que l'expérience d'une vie. L'accès à ce savoir est réservé à ces êtres libres qui ont su aiguiser leurs perceptions et balayer les limites de l'observation superficielle. Il sont à l'écoute de la sagesse qui émane de la profondeur de leur être. Et avec cette sagesse ancestrale et divine, ils peuvent créer, comprendre et grandir.

Aujourd'hui, je vois que je suis plus que la somme de mes expériences. J'ai accès, si je le veux, à une sagesse ancestrale et divine qui dépasse le cadre normal d'une vie.

4 DÉCEMBRE

CINQUANTE ANS

«À cinquante ans, on regarde derrière nous avec un certain degré de compassion. Capables de tirer les leçons du passé, nos besoins spirituels – si nous avons su les nourrir et les préserver – ont pu nous amener à désirer différentes sources de satisfaction; une reconnaissance divine ou une pratique qui nous amène régulièrement à les rejoindre.»

— MAUREEN BRADY

Avoir cinquante ans signifie différentes choses pour différentes personnes. Il s'agit cependant d'une étape importante. À cinquante ans, nos perspectives d'avenir changent. Nous voyons plus clairement le passé derrière nous. Au-delà de la constatation qu'on a vieilli, il y a la possibilité de voir la vie avec plus de compassion et de détachement. On profite d'une toute nouvelle vision. Nous sommes jeunes et vieux à la fois. Forts et fragiles. Nous n'avons plus de temps à perdre et nous avons tout le temps au monde. Nous sommes encore en très bonne forme mais nous prenons conscience de l'importance de préserver notre santé. Nous sommes finalement au sommet de nos capacités et de nos possibilités.

Aujourd'hui, j'accueille mes cinquante ans. Je sais que la vie change et avec le temps, je développe de nouvelles perspectives et de nouvelles possibilités. Aujourd'hui, je vois mes cinquante ans comme un nouveau début.

5 DÉCEMBRE

COMPASSION ENVERS SOI

«Être capable de compassion pour soi et pour autrui ouvre la porte à la grâce divine. Pour une femme, c'est d'autant plus difficile qu'on lui a toujours appris à être là pour l'autre: l'enfant, l'ami, l'amant, le mari, le parent, tous ceux qui ont besoin d'aide et qui souffrent.»

— VIRGINIA BEANE RUTTER

Aujourd'hui, j'ai de la compassion envers moi. Je vois comment j'ai su surmonter les épreuves et devenir un être plus noble et plus aimant. Je peux maintenant m'accueillir dans les moments de solitude et de détresse. Je peux m'aimer et me comprendre lorsque je me sens fatigué de la vie. Je peux compatir avec moi car je suis mon meilleur ami.

6 DÉCEMBRE

UN TRAVAIL D'AMOUR

«Pourquoi les bras forts se fatiguent-ils à soulever frivolement des haltères? Creuser un vignoble est un exercice plus digne pour les hommes.»

— MARCUS VALERIUS MARTIALIS

Le travail qui mène à la création et à la réalisation de soi n'est pas de même qualité que le travail routinier. Lorsque l'on créé, on puise notre énergie d'une source profonde et infinie. Le travail de création est un travail d'amour, un travail qui se renouvelle et qui nous régénère. Lorsqu'on jardine, lorsque l'on crée une œuvre d'art, lorsque l'on travaille à bâtir sa propre entreprise, on puise son énergie dans son esprit et dans la profondeur de son être. Ce travail laisse place à la joie de la création et à l'émerveillement.

Aujourd'hui, je puise mon énergie à la source profonde de l'inspiration et de la création. En accomplissant ce travail d'amour, je suis rempli de vitalité et de joie.

7 DÉCEMBRE

UN ESPRIT SAIN DANS UN CORPS SAIN

«Un esprit sain dans un corps sain est une description courte mais complète d'un état heureux dans ce monde.»

— JOHN LOCKE

De plus en plus, on se rend compte que la santé et l'équilibre sont directement liés à nos émotions et à nos attitudes. Ainsi, il est courant de croire qu'il existe un rapport étroit entre notre état de santé émotionnel et notre état de santé physique, que de nombreuses maladies ont des fondements psychosomatiques. De façon générale, nous sommes responsables de notre santé et de notre équilibre émotionnel. Cependant, il n'est pas toujours facile de conserver un équilibre émotionnel et physique parfait. Déjà, en se donnant une alimentation saine, en se reposant suffisamment et en faisant de l'exercice physique et des activités de détente et de plaisir, nous pouvons éloigner la maladie, car une attitude de soins et d'amour de soi est essentielle à la santé et à l'équilibre.

Aujourd'hui, je m'occupe de moi. Comme une plante a besoin d'eau, d'air, de soleil et de nutriment, j'ai des besoins qui doivent être comblés. En m'occupant bien de moi, je conserve ma santé et je retrouve mon équilibre.

L'INCROYABLE LÉGÈRETÉ DE L'ÊTRE

«Lorsque j'étais enfant, je me souviens que je jouais de manière insouciante pendant des heures. Je n'avais aucune préoccupation. Je passais d'une activité à l'autre avec une incroyable légèreté. J'étais curieuse et aventurière. J'aimais les gens d'une façon simple et spontanée. À cette époque, je me réveillais heureuse et radiante le matin. Et lorsque je voyais apparaître le visage tendre et souriant de ma mère, j'étais remplie d'amour et de joie.»

— CHARLOTTE L.

Aujourd'hui, je suis en contact avec la joie et la spontanéité de l'enfant. L'enfant est l'être à l'état pur. L'être extraverti et présent qui aime et participe à la vie tout simplement. Aujourd'hui, je vois que la vie adulte est complexe mais l'être, par essence, est simple, curieux et léger.

9 DÉCEMBRE

JETER LA CLEF

«Ils étaient si fermement ancrés dans leurs croyances qu'un jour vint où la nature exacte de leurs croyances n'eut plus aucune importance; elles se fondaient toutes en un entêtement unique.»

— LOUISE ERDRICH

Nos croyances ont une influence déterminante sur nos attitudes et nos comportements mais surtout sur notre façon de voir les choses. Certaine croyances contribuent à notre bien-être, notre croissance et notre survie et ne doivent pas être remises en question. Ainsi, croire qu'on ne devrait pas faire confiance aux étrangers, contribue à notre protection et à notre survie. Cependant, d'autres croyances limitent notre capacité de grandir et de voir les choses telles qu'elles sont. Ainsi, croire qu'au fur et à mesure que l'on vieillit, on perd notre capacité d'apprendre, vient limiter nos possibilités de croissance et nous exempt de voir la réalité des choses. Les fausses croyances comme celle-là représentent des prisons qui viennent limiter nos possibilités en falsifiant notre vision des choses.

Aujourd'hui, je rejette les fausses croyances qui limitent ma possibilité de grandir.

DÉCOUVRIR L'ARTISTE EN SOI

«L'art est le désir de l'homme de s'exprimer, de prendre note des réactions de sa personnalité face au monde dans lequel il vit.»

— AMY LOWELL

On entend parfois une personne dire qu'elle n'a aucune qualité artistique. Et lorsqu'on explore la question, on voit qu'elle a essayé de faire du dessin lorsqu'elle était jeune et n'a pas connu beaucoup de succès. Mais l'Art, l'expression artistique et la création ne connaissent aucune frontière, aucune forme prédéterminée. On peut faire de l'Art de façon conventionnelle en faisant de la musique, de la peinture, ou de la sculpture par exemple. Mais on peut aussi le faire de façon beaucoup moins conventionnelle. L'Art est d'abord et avant tout un mode d'expression et de communication fondé sur l'esthétique. On peut cuisiner des plats, s'habiller, parler, écrire et manger de façon esthétique. On peut exprimer nos talent d'artistes de toutes les façons possibles et imaginables.

Aujourd'hui, je fais vivre l'artiste en moi. Je sais que l'Art prend des formes variées et que je peux ajouter quelque chose de beau et de vrai dans tout ce que je fais.

11 DÉCEMBRE

ÊTRE AU SERVICE D'AUTRUI

«La vie nous apprend que tout ce qui vaut vraiment la peine d'être fait est ce que nous faisons au service d'autrui.»

— LEWIS CARROLL

La réussite est fondée sur l'échange. Lorsqu'on donne en abondance, on ouvre la porte à l'abondance dans sa propre vie. Mais lorsqu'on tente de retenir, de tout garder pour soi-même, on créé un environnement stérile dans lequel aucune vie, aucun amour, aucun échange ne peut se manifester. Par contre, lorsqu'on est disposé à donner, on ouvre la porte à toutes les possibilités.

Aujourd'hui, je suis au service d'autrui. Je vois que la vie est plus remplie et plus riche lorsque je me donne et que je suis disposé à rendre service aux autres. Je ne suis pas venu ici pour moi seulement mais pour contribuer au bonheur des autres. Lorsque j'aide quelqu'un, je remplis ma mission divine. Lorsque je rends service à autrui, j'avance sur le chemin du bonheur et de la sérénité.

12 DÉCEMBRE

UN MOMENT POUR CHANGER UNE VIE

«Il y a des personnes qui marquent nos vies. Même si cela ne dure qu'un moment, nous ne sommes plus les mêmes. Le temps n'a pas d'importance mais certains moments en ont pour toujours.»

— FERN BORK

Lorsqu'on fait la rétrospective de notre vie, on se rend compte que certaines décisions, certaines rencontres et certains événements ont eu un effet déterminant dans notre évolution personnelle. Ces moments cruciaux sont venus transformer profondément le cours de notre vie. Quelques moments pour changer toute une vie! Quelques instants pour tout transformer à jamais! Ces moments si précieux et si rares se présentent ou sont créés par nous et se situent au carrefour de notre vie.

Aujourd'hui ou demain, un de ces merveilleux moments pourrait se présenter dans ma vie. Et je me trouverai alors face à une décision importante qui marquera mon existence jusqu'à la fin de mes jours. Je reste donc ouvert à ce grand moment parmi tous les moments que je passerai ici avec vous.

LE CYCLE NATUREL DE LA VIE

«On se regarde mourir, on s'aperçoit que certains passages de notre vie se ferment à tout jamais. Et puis après?

— SARAH ORNE JEWETT

Il y a quelque chose en nous qui refuse la mort. Nous savons que la mort est là, tout autour de nous. Nous voyons la mort dans la nature. Nous vivons la mort de nos parents, de nos amis, de nos connaissances et nous nous sentons même progresser vers la mort. Mais quelque chose en nous refuse la mort, quelque chose en nous craint cette fin inévitable.

La mort est là lorsque nous changeons nos habitudes ou lorsque nous mettons fin à une relation. La mort est là devant nos yeux tout au long de notre vie. La mort fait partie du cycle naturel de la vie. La mort marque la fin et le début. Elle symbolise aussi la naissance, le changement et la mutation.

Aujourd'hui, je suis en mutation. Je vois que la mort fait partie du cycle naturel de la vie. Je ne crains pas la mort car dans cette fin il y a le germe d'un nouveau début.

LE COÛT DE LA VIE

Les Fêtes nous obligent à dépenser chaque année. On peut dire que les Fêtes sont l'occasion de se rapprocher de la famille et de partager du bon temps. Mais c'est aussi une période où l'on doit dénouer les cordons de sa bourse pour faire des dépenses plus ou moins utiles. Noël est devenu une fête commerciale et tous les gens ont développé l'habitude de dépenser outrageusement durant cette période. Si nous vivons à l'intérieur d'un budget strict ou si nos moyens financiers sont plus limités, Noël peut s'avérer une période plutôt difficile. Même si on sait que le côté commercial de Noël a été créé pour servir la société de consommation, cette prise de conscience ne rend pas l'exercice de l'équilibre budgétaire plus facile.

Aujourd'hui, je vois l'importance d'avoir un budget équilibré. En vivant selon mes moyens, j'évite les crises et les problèmes financiers. J'aime donner, mais je dois le faire en respectant mon budget.

15 DÉCEMBRE

ÊTRE DIGNE

«Certains gestes ont l'assurance du succès: respecter autrui, vivre avec autant de dignité possible, essayer par la tête et par le cœur 'd'aller là où aucun homme n'est encore allé'... N'est-ce pas là notre ultime contribution à l'expérience de l'Homme?»

— NIKKI GIOVANNI

Aujourd'hui, je sais que je vis avec courage et dignité. Chaque jour je cherche à faire la bonne chose, à contribuer au bien-être et au bonheur d'autrui. Chaque jour je fais de mon mieux et je cherche à apprendre de mes erreurs. Je suis une personne digne de respect, d'amour et de succès.

LA RÉSISTANCE

«La vie n'est-elle pas qu'une suite de fâcheuses affaires... toujours la même foutue affaire qui revient, encore et encore!»

— EDNA ST-VINCENT MILLAY

En apparence, la vie peut sembler n'être qu'une suite de fâcheuses affaires. Pourtant, les possibilités qui se présentent chaque jour n'ont rien de répétitif. C'est seulement lorsque nous résistons au changement et à la transformation que nous stagnons.

À moins d'accepter le processus du changement, nous ne serons pas bien dans notre peau.

Aujourd'hui, j'ai foi en ma trajectoire intérieure et j'accepte le changement.

MÛRIR - UN JOUR À LA FOIS

«Jusqu'à ce que j'aie épuisé toutes les ressources de mes divers talents, cultivé toutes les semences qui doivent germer en moi et ce, jusqu'à ce que la récolte soit complétée, je ne veux pas mourir.»

— KÄTHE KOLLWITZ

On se développe quotidiennement. Avec le temps, on mûrit. On tente d'atteindre un niveau de satisfaction pour chaque aspect important de notre vie. Lorsqu'on atteint un certain âge, on se rend compte que des aspects de notre vie nous satisfont tandis que d'autres demandent encore du travail. Vieillir signifie mûrir. On apprend de nos expériences. On tente de nouvelles approches afin d'obtenir de meilleurs résultats. On change des aspects de notre vie afin d'obtenir une plus grande satisfaction personnelle.

Aujourd'hui, je sens que j'ai mûri. Avec le temps et l'expérience, je suis devenu meilleur.

18 DÉCEMBRE

LA VIE FAMILIALE

Lorsqu'on analyse la question de la réussite personnelle, il est impossible de négliger la vie familiale. Nos familles ont subi d'énormes transformations au cours des deux dernières décennies. Nous vivons aujourd'hui les effets de la fragmentation de la famille. Néanmoins, la famille demeure une source principale de joie, de sécurité, d'appartenance et de stabilité affective. Au sein de la famille, on apprend à partager, à aimer, à prendre ses responsabilités et à retirer du plaisir en compagnie de l'autre.

Aujourd'hui, je vois que la vie familiale fait partie de mon échelle de valeurs. Je cherche à renforcer et à alimenter mes liens avec les membres de ma famille. Je suis disposé à venir en aide, à réconforter et à choyer les membres de ma famille. Je sais que seul, la vie n'a pas tellement de sens. Alors, je cherche à fonder des liens familiaux sains, aimants et durables.

19 DÉCEMBRE

LES BARREAUX DE L'ÉCHELLE

«Le plus important dans ce monde n'est pas tant l'endroit où vous vous situez, que la direction dans laquelle vous vous déplacez.»

— OLIVER WENDELL HOLMES

Aujourd'hui, j'accepte que la vie est un voyage. Sur mon chemin, il y a plusieurs destinations, mais le parcours ne se termine jamais. Je ne peux pas me satisfaire de tel ou tel accomplissement. Je dois utiliser chacun de ces accomplissements comme les barreaux d'une échelle qui me permettent de poursuivre mon ascension.

La seconde moitié de la vie

«Je crois fermement que la seconde moitié de notre vie est meilleure que la première. En effet, en premier on apprend le comment, ensuite tout ce qu'il nous reste à faire est de récolter la joie de savoir s'y prendre.»

— Frances Lear

La première partie de la vie est souvent remplie de tumultes, de remises en question, de conflits et de décisions douteuses. La première partie est une phase d'apprentissage, de découvertes et de tâtonnements. Durant cette première partie, nos émotions sont à fleur de peau et nous pouvons vivre les plus grandes déceptions.

La seconde partie de la vie est plus douce et plus agréable. Nous avons enfin fait nos preuves et nous pouvons commencer à profiter des fruits de nos efforts, des leçons de nos expériences. Nous nous connaissons mieux et nous avons appris à accepter et même à aimer nos imperfections.

Aujourd'hui, j'accueille la deuxième partie de ma vie avec joie et sérénité. À présent, je me connais mieux et j'ai appris à m'accepter et à m'aimer tel que je suis.

21 DÉCEMBRE

LA MÉNOPAUSE

«Lorsque nous arrivons à cette étape cruciale de notre vie, nous ne pouvons que reconnaître le progrès inexorable de la vie. Sans ménager nos illusions, sans attendre notre permission; la ménopause nous appelle à mourir. Nous savons, consciemment que nous sommes tous mortels, qu'un jour, il va de soi, nous mourrons; mais la plupart du temps et, pour la majorité d'entre-nous, cela ne demeure toujours qu'une idée.»

— CONNIE BATTEN

Il y a des passages qui sont plus douloureux que d'autres. Avec la ménopause, vient une variété de sentiments et de craintes. Voilà bien un passage qui nous indique que nous sommes mortels et que nous abordons la dernière grande phase de notre vie. C'est l'indicateur le plus puissant du fait que nous avons pris de l'âge et que nous avons changé. Mais la ménopause peut être une expérience spirituelle extrêmement puissante qui nous rapproche de nous-mêmes et nous fait apprécier les choses vraiment importantes.

Aujourd'hui, j'accueille la ménopause car je sais que ce passage est inévitable. Je ne suis pas remplie de joie mais j'ai la certitude que je possède toute la force et toutes les ressources spirituelles et émotionnelles pour transformer cette expérience en quelque chose de bien.

22 DÉCEMBRE

UNE PORTE QUI S'OUVRE

«Lorsque je suis tombée malade et que j'ai été hospitalisée, j'ai reçu la visite de plusieurs membres de ma famille. J'étais clouée au lit et je ne pouvais pas me sauver. Je me suis rendue compte à quel point j'avais été sauvage et comment j'avais fermé la porte à plusieurs. Cette constatation était quasiment aussi pénible et douloureuse que la maladie elle-même. Enfin, j'étais heureuse d'avoir pu renouer avec les membres de ma famille. Il y a sans doute un côté positif à chaque expérience.»

— ANNE-MARIE L.

Aujourd'hui, je vois que je ne suis pas toujours facile à aimer. Dans ma quête vers l'autonomie et le succès, j'oublie parfois de me laisser apprivoiser par les gens qui veulent m'aimer. Aujourd'hui, je vois que c'est à moi d'ouvrir la porte.

ENCORE TEMPS

«Il serait vraiment nuisible à notre bien-être, pour ne pas dire idiot et désastreux, de croire que parce que nous sommes arrivés à cet âge ingrat qu'est celui de la ménopause que nous sommes désormais sur le chemin du retour. Même si nous n'atteignons pas notre quatre-vingt dixième anniversaire, la ménopause n'en demeure pas moins que la moitié de notre vie adulte. La moitié; est-ce une raison suffisante pour vouloir fermer boutique?»

— MAUREEN BRADY

On doit se libérer de cette notion que le temps passe et qu'on en a de moins en moins. La liberté de la jeunesse est définie par le fait qu'on a l'impression d'avoir une infinité de temps devant nous. On peut faire des expériences nouvelles, prendre le temps d'apprendre et de recommencer. Mais lorsqu'on atteint l'âge moyen, on ne peut plus se permettre de faire des erreurs. On doit tout savoir et éviter à tout prix de gaspiller notre temps, le précieux temps qu'il nous reste. Cette perception peut seulement limiter notre croissance et notre plaisir de vivre jour après jour.

Aujourd'hui, je me libère de cette idée que je ne peux pas gaspiller le temps. Je peux vivre, prendre le temps de rire, de jouer et de ne rien faire.

24 DÉCEMBRE

REVENIR À L'ESSENCE

Aujourd'hui, je célèbre la venue de la lumière. Je vois la venue de Jésus sur terre comme la venue d'une lumière éblouissante qui a éclairé le cœur des hommes et ouvert la voie vers la vérité et la vie éternelle. Je vois que je ne suis pas seul dans ma quête pour la lumière. Au fur et à mesure que le monde s'assombrit, la lumière des êtres devient de plus en plus visible. Ensemble, nous épongerons le mal et nous ferons jaillir de cette terre une nouvelle lumière d'amour et de compassion pour tous.

Aujourd'hui, je sais que je ne suis pas seul dans ma quête pour la lumière.

DIEU EST PARMI NOUS

«Le rituel est le moyen de sentir la présence du divin. Le rituel est l'étincelle qui ne doit pas s'éteindre.»

— CHRISTINA BALDWIN

Aujourd'hui, je vois les présents et les actions de tendresse et de fraternité. Aujourd'hui, je vois que l'amour est parmi nous. Aujourd'hui, je vois que Dieu nous rend visite et entre dans notre demeure pour partager et vivre parmi nous.

Aujourd'hui, je vois que nous pouvons vivre en harmonie les uns les autres. Je pense à tous les êtres et je le les inclus dans cette grande célébration d'amour.

26 DÉCEMBRE

RESPECTER LES DIFFÉRENCES

«Un homme peut bien mener son cheval à l'abreuvoir, mais il ne peut pas le forcer à boire.»

— JOHN HEYWOOD

Il y a dans l'action vertueuse une réalité noble et subtile. Le pardon nous libère des maux et des offenses du passé. La compassion nous ouvre les yeux à la vie et à l'individualité de chaque personne. La patience nous porte plus près de la vraie nature des choses. La bienveillance, dans toutes ces manifestations, nous donne les ailes d'un ange. Cependant, personne ne peut forcer l'action vertueuse et le désir de faire le bien. Chacun doit choisir et voir que dans ce choix vient la liberté, la dignité et la grâce.

Aujourd'hui, j'accepte que chacun doit trouver ses propres solutions, sa propre façon d'être dans le monde. Aujourd'hui, je respecte la différence.

27 DÉCEMBRE

LA RÉPONSE EST EN MOI

«On trouve toujours ce que l'on cherche. La réponse est toujours présente et, si on lui en donne le temps, elle se révèle à nous.»

— THOMAS MERTON

Par la voie de la prière ou de la contemplation tranquille, on finit toujours par trouver des réponses à nos questions. Lorsqu'on se pose une question, on lance une profonde interrogation à notre esprit. L'esprit, notre être véritable, cherchera et sera en mesure de répondre. Cette réponse pourra se manifester dans nos rêves, dans le déroulement des événements ou par une intuition profonde. Nous possédons tous une sagesse qui est à notre disposition à tous moments. Il s'agit de s'interroger et ensuite d'attendre patiemment la réponse.

Aujourd'hui, par la voie de la contemplation ou de la prière, je prends le temps de recueillir mes pensées et de voir ce qui est vraiment important pour moi. Je demande à Dieu de me donner le courage et la force de surmonter les barrières et je lui demande de me montrer comment être plus aimant, plus juste envers moi-même et envers les autres.

28 DÉCEMBRE

IMAGINER

«C'est alors que j'ai pensé: c'est maintenant ou jamais. Soit je me rabats vers tout ce qui m'est connu, soit je décide de m'assumer, d'être plus intrépide. C'est ainsi que cinq jours plus tard, j'étais partie vers Bagdad.»

— AGATHA CHRISTIE

Nous voici à la frontière d'une nouvelle année. Nous devons décider si cette nouvelle année sera comme toutes les autres ou si elle sera le début d'une nouvelle aventure. L'aventure existe déjà dans notre attitude et dans notre imagination. On peut miser sur tout ce qui nous protège, tout ce qui rend notre vie stable et sécure, ou on peut choisir d'entreprendre des projets qui nous défient et nous poussent au-delà de nos limites habituelles.

Aujourd'hui, je regarde vers l'avenir et j'imagine la vie que je peux créer. J'imagine toutes les choses que je peux accomplir.

29 DÉCEMBRE

ÊTRE COMPLET

«En un an, mes valeurs ont profondément changé. Je me sens plus apte à apprécier les plaisirs que m'offre la vie, qu'ils soient intellectuels ou moraux; je ressens beaucoup plus facilement mes torts et je désire plus qu'auparavant être fidèle à mes responsabilités, à mes engagements.»

— GEORGE ELIOT

Lorsqu'on aborde la deuxième moitié de sa vie, on voit plus clairement que la jeunesse est une phase préparatoire. Il est un peu étonnant de voir comment la jeunesse est glorifiée dans les films, à la télé et dans la mode. Certes, la jeunesse reflète la fraîcheur, la beauté physique et la pureté, mais elle reflète aussi la confusion, l'immaturité et l'incertitude. En abordant la deuxième grande phase de notre vie, on sait que l'on a acquis la certitude. On se connaît mieux et on sait que l'on peut compter sur soi. À plusieurs niveaux, on est plus complet, plus autonome et plus sûr de soi. On est en pleine possession de ses moyens, capable, déterminé et en meilleur contrôle.

Aujourd'hui, je vois que je suis plus complet et plus sûr de moi.

30 DÉCEMBRE

JE PRÉPARE MON CŒUR À LA NOUVELLE

«Vous connaîtrez la vérité et la vérité fera de vous des hommes libres.»

— JEAN, 8 : 32

Il existe une valeur sûre dans cet univers: le pouvoir de la vérité. La vérité cherche constamment à se manifester car elle est, en elle-même, la plus haute manifestation de la conscience et de la spiritualité. Mais, sur terre, la vérité peut se faire rare. On doit être extrêmement tenace et vigilant pour déceler la vérité dans les choses et les événements. C'est comme si cet univers que l'on partage avait été fondé sur un énorme mensonge et que l'esprit devait, par son courage, son travail et son intelligence, se frayer un chemin vers la vérité.

Lorsqu'on cherche à faire le bilan de l'année qui vient de passer, on doit être férocement honnête avec soi-même. Avons-nous atteint nos objectifs majeurs? Sommes-nous plus heureux qu'il y a un an? Évoluons-nous dans la bonne direction? Avons-nous fait les efforts nécessaires pour nous libérer des bagages excédentaires qui nous ralentissent? Les réponses à ces questions peuvent nous aider dans la planification de la nouvelle année.

Aujourd'hui, je fais un bilan honnête de ma situation actuelle et j'aborde la nouvelle année avec un plan d'action efficace.

LES RÉSOLUTIONS DE LA NOUVELLE ANNÉE

Plusieurs prennent des résolutions pour la nouvelle année. Ils cherchent à formuler des décisions pour mettre fin à d'anciennes habitudes, pour en développer de nouvelles ou pour réaliser des objectifs qui leur tiennent à cœur. Parfois, nous réussissons à tenir nos résolutions, mais souvent, peu après la nouvelle année, nous mettons nos bonnes intentions de côté pour reprendre nos vieilles habitudes. La raison en est simple: la décision ou la résolution est venue heurter une plus vieille résolution ou la puissante force de nos habitudes.

Avant de prendre une résolution, nous devrions évaluer l'effort nécessaire pour briser nos anciennes habitudes; de même que le niveau d'intention et le désir réel de voir notre résolution se réaliser. Enfin, il est intéressant de déterminer les circonstances et les motifs qui nous ont incités à développer les habitudes ou les comportements que nous voulons changer. Ce petit travail nous permettra de préparer le terrain.

Aujourd'hui, je prendrai des résolutions pour la nouvelle année. Les résolutions que je prendrai seront adaptées à ma réalité et à mon désir de changer.

transcontinental
IMPRESSION
IMPRIMERIE GAGNÉ

IMPRIMÉ AU CANADA